品读龙华

海口市龙华区旅游和文化体育局　编

中国海洋大学出版社
·青岛·

图书在版编目（CIP）数据

品读龙华 / 海口市龙华区旅游和文化体育局编. —
青岛 ： 中国海洋大学出版社，2021.2
ISBN 978-7-5670-2765-7

Ⅰ．①品… Ⅱ．①海… Ⅲ．①地方文化－介绍－海口
Ⅳ．①G127.664

中国版本图书馆CIP数据核字(2021)第019381号

出版发行　中国海洋出版社
社　　址　青岛市香港东路23号
邮　　编　266071
出 版 人　杨立敏
网　　址　http://pub.ouc.edu.cn
电子信箱　1922305382@qq.com
订购电话　0532-82032573（传真）
责任编辑　曾科文　陈 琦　　电话　0898-31563611
印　　制　海南金永利彩色印刷有限公司
版　　次　2021年2月第1版
印　　次　2021年2月第1次印刷
成品尺寸　183 mm×255 mm
印　　张　16.5
字　　数　270千
印　　数　1—2500
定　　价　65.00元

如发现印装质量问题，请致电0898-36377838调换。

《品读龙华》编委会

主　　任：蒙乐生

编　　委：蒙乐生　符　文　李小青　符玉婷

　　　　　孙勇刚　姚名发　郭　凌　刘春影

　　　　　林师师　吴岳峰　欧阳杏昕

编　　撰：蒙乐生　刘春影　甘　喜　周志威

　　　　　陈文捷　陈　秋　贺江敏

摄影作者：蒙乐生　蒙传雄　周　缘　姚名发

　　　　　宋雪冬　刘春影　郭　凌

开头的话

神州故园，万象更新，华夏蜕变。

龙腾南海，圆梦中华，际会风云。

南溟奇甸，一跃而起，领异标新。

研经铸史，文化启迪，心灵升华。

品读龙华，文明浸润，心智开化。

大好韶华，佩实衔华，水木清华。

观文成化，含英咀华，锦绣龙华。

新时代大启迪，催生新世纪新裂变！

新征程大浸润，诞生新龙华新城区！

序

　　《品读龙华》终于顺利出版，经历了诸多的考验，战胜了各种磨难，终于捧出了本书。

　　客观地说，《品读龙华》的顺利出版，对我们来说是一种尝试，是一种历练，是头一次。从开展调研，行走山区，到拟订提纲，着手写作，我们的伙伴是认真的，是努力的。我们认真对待这项工作，行走城区，深入城乡，探访古迹，研读人文，与村民讲古，整理笔记，山水的丰沛使我们感慨多多，颇有收获，实实在在地见之于目，感之于心，得到启发，受到感染，为龙华人文所感动。只有感动自己，才能感动别人。我们为龙华人文历史感到惊叹，为新时代新龙华变化大声呼喊，"风景这边独好"。龙华的文化精神、文明意识使我们铭心刻骨。龙华的领导者有一颗金子般透亮的心，他们把文化宽容化为实际行动，放手让我们写作，连署名写序都一概免去。这种气概对我们来说，既是无限感动，又增加了文化压力。

　　有压力就有动力，就有一种紧迫感。现代人生活节奏快，让人有一种"灵魂跟不上人的脚步"的感觉。为了写好这本书，我们放慢脚步，深思熟虑，定名《品读龙华》。既然是要"品"，就必须从容不迫，慢慢咀嚼，方能知味。再美的佳肴，如果狼吞虎咽，必然食不知味；再动听的音乐，如果不能平心静气地欣赏，必然感受不到它高山流水的悠然旷远；再精美的文章，如果不能放下心来，潜心阅读，必然体味不到它的恢宏大气。更何况那么辽阔的城区，那么悠久的历史，那么丰富的人文，如果浅尝辄止，未加咀嚼，也只能是"深入宝山空手而归"。所以，只有认真"品"方能知"味"知"位"，得其文化气魄。

　　基于以上的思路，我们列出"古老镜子""历史遗韵""山海传奇""沧海桑田""动感龙华"和"龙华美食"六大类，以数十篇幅来"品读龙华"。

从《海南长忆两伏波》，到《巾帼英雄冼夫人》《代父统兵蔡九娘》，叙述龙华人文的《儒文一门三将军》《羽扇纶巾梁云龙》《海南首位尚书郎》；带人游览《两千年古郡珠崖》《老海口的保护神》《御封灵山祠六神》《八仙泉与美面溪》《天赐神井救大军》《古村古韵翰飘香》《八百年古村涌潭》《龙华牌坊何其多》《中山路古巷古庙》《海南千年都江堰》；感受《大英山独立海疆》《琼州海峡炮声隆》《八角楼百年风云》《羊山血泪井》《马房村与居仁坊》；品读龙华的红色历史，走进《中共琼崖一大遗址》《红色儒逢村》，抚摸《苍东苍西英雄树》，敬仰《仁台农军震敌胆》；我们《从国贸看海口变化》，直面《海口老街第一宅》《南洋老街辛酸泪》《百年沧桑五层楼》《长堤路古钟新声》；我们欢呼《人生得意观澜湖》《民国旧街 城南旧事》《姹紫嫣红万绿园》《火山与湿地邂逅》，观看《民俗文化 异彩纷呈》，再一品《美食物语》……一路走来，虽说不能尽然品味龙华其中精彩，但也快意江湖，得以欢欣。

我们坚信，不仅是龙华父老，甚至是海口乡亲，行走一番龙华，必然与我们同感。所以，我们振臂高呼，请到龙华来，请"品读龙华"，让我们共同感受龙华大地的魁伟壮丽。

谨以为序。

蒙乐生

2020 年秋月

目录 Contents

古老镜子

历史：是一面镜子。

古人说：以史为镜，可以知兴替。

梳理珠崖文脉，可以品味海口历史文化的悠远，可以品鉴龙华人文底蕴的浓厚，可以了知这块土地的巨大变化，可以激活建设美丽家园的文化激情。

海南长忆两伏波

前伏波将军路博德

中华文明五千年，这部漫长的历史画卷，写满了兴盛与衰亡、辉煌与悲怆。直至秦始皇横扫六合，统一中国，海南岛仍属"象郡边缘"，仍然《禹贡》不书。

秦亡汉兴，但似乎与海南毫无相干。由于连年战乱，灾祸频仍，新王朝自顾不暇，海南岛仍游离于中央统辖之外，仍"职方"不载，被视为"化外之地"。

从汉高祖刘邦到汉景帝刘启，历经66年的休养生息，到建元元年（前140年），国力渐强。汉武帝刘彻北拒匈奴，南抚百越，设立岭南9郡，大汉王朝开始进入疆域辽阔、万邦来朝的鼎盛时期。正是这种政治背景，催生了前伏波将军讨伐南越。

汉武帝元鼎五年（前112年）四月，南越国宰相吕嘉杀死归附汉朝的南越王赵兴、樛太后及汉朝使者，另立建德侯为王；尔后，又在石门诛杀了汉将韩千秋、樛世乐。一时间，南越局势危急，战火纷飞，百姓遭罪，朝野震惊，讨伐南越，势在必行。

同年秋天，汉武帝派10万大军分五路讨伐南越：伏波将军路博德出贵阳，下湟水，从湖南入连州；楼船将军杨仆出豫章，下浈水，从江西入南雄；戈船将军郑严、下厉将军田甲并出零陵，郑严下漓水，田甲下苍梧；驰义侯何遗率夜郎兵下牂柯江。

吕嘉分裂国土，自立建德侯为王，背叛朝廷，挑起事端，天怒人怨。汉朝大兵压境，南越国许多将领纷纷反戈投降。杨仆作为汉军先锋，先以精兵攻陷寻峡，击败湞口关和万人城的南越守军，接着又夺取石门。不久，路博德也率领大军到达石门。

汉朝两支精锐部队合兵一处，向南越国都番禺发起强攻。杨仆在前，从番禺城东南方出击；路博德随后，从城西北方向夹攻，番禺失守。守军向西北方逃窜，尽被路博德俘虏，南越王建德及宰相吕嘉连夜逃走，汉军分兵追捕，先获建德，后擒吕嘉。

平定南越的战斗刚开始，被南越国封为苍梧王的赵光就举国投降；汉兵一到番禺，南越国桂林监居翁"闻汉兵破番禺，谕瓯骆兵四十余万降（汉）"。所谓"瓯骆兵"，包括南越国驻海南、广西、越南等地的军队。也就是说，海南当时属南越国边陲海岛。

雷州伏波祠

《汉书·西南夷两粤朝鲜传》载：秦龙川令赵佗兼并桂林、象郡，自立为南粤武王。汉高祖曾派陆贾通使，予以抚慰。汉文帝刘恒《赐南粤王赵佗书》曾劝其削去帝号。其时，南越国"在地域上当是包括海南在内的"，海南处于能控则控的游离状况。

平定南越国的两位著名将领路博德和杨仆两人品格迥然不同。伏波将军路博德温和宽厚，楼船将军杨仆残酷苛刻，因此"越人尽降伏波"，而伏波则"来即赐以印绶，纵之使相招引"。元鼎六年（前111年）冬十月，南越全境平定，汉武帝随即设立9郡。

珠崖、儋耳二郡的设立，是海南历史上划时代的里程碑。开疆设郡，点燃了海岛文明的第一堆篝火。路博德，史称前伏波将军，历史对其"首开九郡"甚为推崇。珠崖郡治设在"暷都"。《琼台志》有"朱崖治于琼山东潭"，"琼山东潭"即今海口市龙华区遵谭镇东谭村委会。

《汉邳离侯路伏波碑》载："南越自有三代，不曾有秦，虽远通置吏，旋复为夷，邳离始开九郡。"这场平叛之战从元鼎五年秋打到次年冬，"越人尽降伏波"，所降者"来即赐以印绶，纵之使相招引"，路博德的怀柔策略化敌为友，终于捕获逃亡海上的吕嘉，成就了绝代之功，故琼人每每把前伏波将军路博德与珠崖郡的设立、文明的开启相提并论。

民国《琼山县志》记载："路博德，西河平州人，汉武帝元狩四年（前119年）以功封邳离侯，迁卫尉。元鼎五年（前112年），南越叛，乃以路博德为伏波将军。"路博德是有案可稽的第一位伏波将军。虽然史书将后伏波将军马援与他相提并论，可是马援在平定南越、官封新息侯之后曾感慨地说："前伏波将军首开九郡，功劳大，才封数百户，而我功劳不大，却飨福大县。功薄赏高，问心有愧。"可见时人对路博德的钦佩以及马援的博大襟怀。

司马迁在《史记·南越列传第五十三》中赞路博德"伏波困穷，智虑愈殖，因祸为福"。意思是平南越之战，路博德虽不及杨仆刚勇争先，但处于艰难困苦环境能宽厚待人，冷静思考，深谋远虑，计划周全，因而转祸为福，最终立功受赏。

为此，康熙年间分巡学道马逢皋在《新建汉两伏波将军庙记》中说："琼人思慕焚祀，固其宜也。"因为如此，朱采创建五公祠，新建苏公祠，崇基峻宇。朱为潮重修五公祠，使之焕然一新，特地移两伏波祠于苏祠东边，并添建粟泉亭、洗心轩，尽复前贤名胜。

路博德是福将，平定南越是年风调雨顺，国泰民安。桑弘羊作"平准之法"，以物为赋相输，"一岁之中，太仓粟满，边疆余谷，诸物均输，帛五百万匹，民不赋而天下用饶"。

历史留下前伏波将军拓荒启土的千古功德，留下国家边关安定和百姓千年怀念，留下海南开郡致治、国家统一的丰功伟绩，留下汉军在烈楼港登岸的历史传奇。

前伏波将军 路博德

后伏波将军马援

海南文化史把前后两伏波相提并论：前伏波将军路博德，史称"开琼第一将"；马援复立珠崖，史称"后伏波将军"。海南百姓对马援誉之甚高，称之为"珠崖第一神"。

　　琼北多两伏波庙，几乎每村都有。马逢皋《新建汉两伏波将军庙记》说："新息之平交黎，著有《图说》，收水陆形势，列如指掌，固知其经略山海，非直技击为长也。而铜柱两指，千古为昭功德，又不止在一方一世也。至读训佺诸格言，则其治兵，行己以礼，可知儒将流风，可则可佩。而据鞍示健，正其不以安荣忘国事，忠贞之性，到底愈烈。"

　　马氏建庙立碑，著文歌功颂德，言辞中肯，祭祀诚恳。官府如此，但有的村子只建马伏波庙，只立马援为神。也许，因为"邳离，史书不多见"，马援则家喻户晓，广为人知。故《后汉书·马援列传》云"自后骆越奉行马将军故事"。

　　为何马伏波如此受尊崇？为何2000多年来琼北村寨祭祀马援的香火长盛不衰？

　　马援是历史上杰出的军事家。他赤胆忠诚，智勇双全，出生入死，平定叛乱，维护汉朝江山统一，功勋卓著，被朝廷封为"伏波将军"，史称"后伏波将军"。《后汉书·马援列传》和《资治通鉴》等史书对马援"平定西羌，远征交趾，驻军边塞，平乱武陵"，褒誉有加。马援在《诫兄子严、敦书》中提到的"画虎类犬"发人深省，而"马革裹尸"更是气壮山河。

　　东汉建武十六年（40年），交趾郡二女子征侧、征贰占据九真、日南及合浦等65城。光武帝刘秀命马援为伏波将军，马援率领大小楼船2000余艘，战士2万余人，平定交趾叛乱，追捕余党都羊等，斩获5000余众，分其地为封溪、望梅二县，功业赫赫。

　　汉两伏波将军，有功德于民。尤其是马援，平定南疆，复立郡县，治理城郭，引渠灌溉，利在百姓。苏东坡说："非新息苦战，则九郡左衽至今矣。"平定南越，官封新息侯，马援却自谦功薄，铭感赏厚。

　　感谢同僚，感念皇恩，效忠国家，马伏波将军的故事感人至深，在海南沿海地带的影响深远。海南省东方市旧名"感恩县"，那里有感恩河、感恩桥、感恩平原等诸多带有"感恩"字眼的地名。古老的感恩大地，旷野、河流、泥土、泉水无不洋溢感恩气息。

　　东方市十所村有汉马伏波井，其井泉被称为"感恩第一甘泉"。郭沫若曾考证该井并赋诗"水泉清冽异江灌，古井犹传马伏波"。这口千年古井所传颂

后伏波将军 马援

的就是后伏波将军在边城被践踏、百姓被蹂躏的危急关头"宁可战死沙场，马革裹尸还葬"的铿锵誓言。

马援幼年时，兄长延师教习《齐诗》，但他志在边疆，不屑于寻章摘句。后来，垦荒陇西，牛羊多至数千头，稻谷多达数万斛，但他却"散尽家财"。于是，历史留下了"大丈夫处世，穷当益坚，老当益壮。发财致富，贵能济世，岂可当'守财奴'"的感言。

前伏波将军路博德"设立珠崖"，后伏波将军马援"复立珠崖"，他俩"开郡致治，建功立业，海不扬波，地方安定"。为此，海南百姓长忆两伏波，为他们立庙，奉为神灵。这些庙里最著名的是海口市龙华区遵谭镇东谭村的珠崖神庙，两伏波将军永享祭祀，香火延续千年。

2000多年过去了，百姓的思念绵绵不绝。梳理珠崖历史文脉，考察龙华山川地理，徘徊珠崖郡治遗址，追忆两伏波将军丰功伟绩，学习和弘扬两伏波将军为"国家统一，民族团结，地方安定，社会文明"奋斗终生的宝贵精神，具有非同寻常的积极意义。

巾帼英雄冼夫人

中华大地有一位功垂万古的巾帼英雄，百姓称她冼夫人、冼太夫人。

冼夫人（522—602），名英，又称冼太夫人、岭南圣母。她处事秉公，不徇私情，顺应时代潮流和人民意愿，致力维护国家统一、民族团结，受到广大

冼夫人

民众的衷心拥戴。她以民为本，以和为贵，为保持岭南地区的社会稳定做出了突出贡献。

冼夫人是伟大的政治家，卓越的军事家。《隋书》记载："夫人幼贤明，多筹略，在父母家，抚循部众，能行军用师，压服诸越。"她协助父兄作战，显露出非凡的军事才华。她洞察权奸，足智多谋，亲临前线，指挥三军，平定叛乱，诛杀反贼，立下了赫赫战功。

梁朝末年"侯景之乱"，地方豪强割据称王，雄霸一方。梁大宝元年（550年），冼夫人支持陈霸先起兵讨伐，平定叛乱。陈朝建立之初，政局不稳，号令难行，冼夫人挺身而出，协助陈霸先平定割据岭南的地方豪强。由于破敌有功，陈朝封她为中郎将。

隋开皇九年（589年），隋文帝进军岭南，遭到陈朝旧部残兵败将以及小部分少数民族武装力量的顽强抵抗，南越大地陷入战乱，百姓流离失所。冼夫人审时度势，决定归附隋朝，并派孙子冯魂前往迎接隋军，岭南地区得以统一，冼夫人也因此受封为谯国夫人。

作为岭南少数民族首领，冼夫人有勇有谋，兵精粮足，威镇俚峒，足可称雄，独霸一方。但是，她心地善良，深明大义，深知拥兵自重、分疆裂土、你争我斗，则地方不靖、百姓困苦，只有国家统一，民族团结，社会安定，百姓安居乐业，国家才能长治久安。

冼夫人一生，历经梁、陈、隋三朝，她所进行的军事、政治活动遍及南越十几个州。1400多年来，从民间到朝廷，冼夫人备受称颂，被称为冼太夫人、岭南圣母、护国夫人、石龙郡太夫人、宋康郡夫人、谯国夫人、诚敬夫人、锦伞夫人，她的历史功绩和思想文化对岭南，甚至对国内乃至东南亚各国都产生了很大影响。新中国成立后，周恩来总理称赞冼夫人为"中国巾帼英雄第一人"。2002年2月20日，江泽民主席视察高州冼庙时，盛赞冼夫人维护国家统一、增强民族团结的精神，称冼夫人为"我辈后人永远学习的楷模"。

冼夫人是中国历史上第一位深得海南民心的政治家。梁大同年间（535—546年），冼夫人请命于朝，在西汉儋耳郡地设崖州，恢复海南与中央政权联系，《北史》《隋书》均有记载："海南儋耳归附者千余峒。"她的主要贡献：

在政治上，请命于朝，建置崖州，使海南与中原的直接联系得以恢复；在军事上，率师用兵，安抚百姓，平定叛乱，为海南创造了一个安定的社会环境；在生活和生产上，为民众谋利益，促进了海南经济社会发展。

海南最早的冼庙是儋州市中和镇的宁济庙。据介绍，南宋绍兴年间（1131—1162年），高宗赵构封冼夫人为显应夫人，并题庙额诰赐"宁济"。《儋县志》载："自唐来已立庙。"北宋时期，苏东坡被贬儋州，曾拜谒冼庙并题《和陶拟古九首之五》："冯冼古烈妇，翁媪国于兹。"云："铜鼓葫芦笙，歌此送迎诗。"自宋迄明，宁济庙几次重修，清代尤为鼎盛。该庙楹联"宁邦仰巾帼，英雄张锦伞复南疆，丰功永记名宦录；济世为黎民，保障播芳名震东粤，坤德长留众姓歌"形象地诠释了"宁济"的深刻意蕴，对冼夫人的丰功伟绩做了高度概括。

1920年，宁济庙被烧毁；1923年，庙宇修复。后来，又数次维修，现前堂、正殿、拜亭、古井仍保持旧貌。殿前排列9尊石雕，或跪或俯，或坐或

宁济庙

秀英荣山冼庙

站，神态各异，大小不一，它反映了隋朝时期儋州九黎首领归服冼夫人的历史事实。如今，庙藏 2 块石碑，一是《儋州冼太夫人碑记》，清道光二十八年（1848 年）学正林湘源等立，记其传略；二是《宁济庙冼夫人加封碑记》，清同治年间知州徐锡麟立，记载朝廷加封号"慈佑"的事由及经过。

海口市秀英区西秀镇荣山冼庙是当地百姓为纪念冼夫人从荣山寮登陆海南而修建的。海南解放以前，内港水深，取道东水港，港湾行船可达冼庙对面的荣山。荣山村约千户人家，其中冼姓百余户，据说他们是当年跟随冼夫人渡琼的军人后代。1000 多年过去了，小村庄发生了巨大变化，已建起粤海铁路码头，成了全岛海运的集散之地。冼庙前门"荣光启瑞，山海同春"的对联对此做了很好概括，故海口人称"南有梁沙婆庙，北有荣山庙"。

据庙史介绍，荣山冼庙建于清朝嘉庆八年（1803 年），与新坡梁沙婆庙仅隔 7 年，是海南较早建的两座冼庙。显然，这一说法是不准确的。2002 年，中国民间艺术游海南冼夫人文化节的活动内容中有"冼夫人逝世 1400 周年暨新坡冼夫人庙创建 400 周年纪念大会"。据此推算，新坡冼夫人庙建于明万历三十年（1602 年）。相传，这一年梁云龙用皇帝奖赏的黄金铸成冼夫人像，并在家乡新坡建庙供奉。冼夫人驻军新坡，认梁家为干亲，所以新坡冼庙也叫梁沙婆祖庙。这与荣山冼庙记述新坡冼庙建于清嘉庆元年（1796 年）的说法相差 194 年。可以肯定，荣山冼庙记述的日期是不准确的。

《海南百科全书》记载：因"冼夫人托梦神助"，梁云龙荣登进士，故建庙奉祀，时为明朝万历十一年（1583 年）。《海南百科全书》所记日期又比新坡冼庙自我介绍的时间提前 19 年。三个日期，各说不一，差异很大。这不仅仅是新坡冼庙的问题，同时也是海南民俗文化问题，是打造冼夫人文化品牌必须认真对待的问题。笔者考证认为，《海南百科全书》的说法是准确的。

至于冼夫人"认梁家为干亲"，那是无稽之谈。冼夫人卒于隋仁寿二年（602 年），若说梁云龙建庙于明万历三十年（1602 年），其间整整相距 1000年。所以有"认干亲"的说法，只是说明新坡梁氏对冼夫人的文化认同与人格尊敬，这也是梁云龙修建冼庙的原因。

人们更关注的是新坡冼庙。清光绪六年（1880 年），该庙扩建，成了全岛众多冼庙中规模最大、庙会最盛的场所，以至"每逢诞节，四方来集，坡墟几无隙地"。1966 年，新坡冼庙被毁，1990 年重修，全部选用黑盐木建构。重修后的新坡冼庙雕梁画栋，堂皇气派；殿前大柱悬挂长联，上书"平蛮靖邦，巾帼奇勋颂扬满神州，懿风永在；报功申德，军门尚庙崇祀遍南甸，英灵长存"，3 扇大门分别镶嵌"巾帼英雄""岭

冼夫人着戎装骑马像

南风流""千秋懿范"的匾额。

此外，位于海口闹市中心的得胜沙冼庙颇有传奇色彩。相传，道光二十九年（1849年）海盗夜犯"外沙"，冼夫人"显圣杀敌"，贼寇落荒而逃。咸丰四年（1854年），市民修建"外沙婆祖庙"纪念冼夫人，后改"外沙"为"得胜沙"，故今称得胜沙冼庙。得胜沙冼庙位于闹市，虽然规模不大，但香火鼎盛，缕缕香烟充分表达了市民对冼夫人的景仰和虔诚。

据调查，除以上冼庙外，海南还有冼庙数百座，每座庙宇都是一颗民俗文化的珍珠，把这些珍珠串联起来，就是璀璨夺目的文化项链。海南冼夫人文化节已举办十多届，应深入了解冼夫人文化的深刻蕴含，让每颗"珍珠"都彰显各自文化色彩，使之流光溢彩、璀璨夺目。举办冼夫人文化节，要充分发挥冼夫人文化启迪思想、陶冶情操、传授知识、鼓舞人心的积极作用，要把冼夫人精神转化为建设和谐海南的文化推动力。

历史关注巾帼英雄，人民敬仰英雄，著名历史学家吴晗对冼夫人给予很高评价。他说："冼夫人是我国古代少数民族越族的著名领袖。她的一生，少年英雄，老当益壮，英勇善战，沉着有谋，致力于和汉族团结，国家统一的事业，对内部主张和平安定，劝阻各族互相攻战，对叛乱和贪残官吏则决不容情，加以讨伐和揭发。在她一生从领兵到死亡的七十年中，是广东南部维持安定和平的主要力量，她做了对人民对国家有利的事业。由于她的教育和榜样，她的子孙也都是英勇善战，致力于民族团结和国家统一的名将，从她到冯智戴的一百多年中，冯家的历史是和广东南部各族人民的和平安定生活的历史分不开的。由于她和她子孙的努力，安定了地方，发展了生产，对祖国的民族融洽和发展作出了卓越的贡献。"

代父统兵蔡九娘

史载，琼州多女杰，义勇数九娘。民间盛传，叠里蔡九娘，海南花木兰。古叠里，即今海口市龙华区遵谭镇东谭村委会涌潭村，是一个有 800 多年历史的美丽山村。

明朝唐胄《正德琼台志·卷四十》记载：蔡九娘，琼山县（今属海口市）仁政乡叠里村人，黎兵千户所总管蔡克宪的长女。史称，九娘天生丽质，知书识礼，勇略过人，闺阃所无。贼寇围村，万分危急，九娘代父统率所兵，奋起抗击，守土保家，书写了海南巾帼传奇。

幼年丧父灾变起　换下罗裳御所兵

黎兵千户所是元朝特别设立的军事组织，掌屯田，兼管民兵、黎峒，直接受黎兵万户府统辖，隶属于湖广行省海北海南道宣慰司都元帅府。元统二年（1334 年），琼州有千户所 13 处，仁政千户所毗邻南建州州治（今定安县），是琼州千户府中举足轻重的一处。

按元朝官署设置，千户所总管，官居正五品，统领所兵 1000 人，管辖屯户 500 家。千户所是世袭爵禄，位高权重，父可传子，子可传孙。

九娘 11 岁那年，父亲不幸去世，家庭灾变迭起，族长居心险恶，宗亲忧心忡忡。《琼南叠里族谱序》记载：九娘幼年丧父，宗族中有人欲谋袭职，诬陷九娘为子瑚之党翼，因此宗亲惨遭横祸，叔父及两兄弟冤死于乾宁狱中……作为幸存者，九娘擦干眼泪，在内忧外患之中，服侍老人，抚养弱小，卓然挺立，沉着应对，虽年过三十，仍待字闺中。

海南名贤王佐在《鸡肋集》中说：父亲早亡，弟弟年幼，作为大姐，九娘深为家庭前景担忧。她脱下罗裳，换着戎装，自任总管，统御所兵，厉兵秣马，日夜操劳。就这样，九娘一边抗敌御侮，一边教诲幼弟，岁月流逝，不知不觉间青春少女成了老姑娘。

这是海南历史上的伟大女性。蔡九娘，无愧是琼州穆桂英、海南花木兰。那是男尊女卑的封建时代，那是族权至上的宗族社会。一个闺阁女子，居然在老族长的眼底下膺任要职，竟然在大男子的棍棒前舞刀弄枪，毅然代父统兵，发号施令，御敌保家，而且气壮山河，闻名遐迩。可想而知，蔡九娘不知经受

涌潭村自宋代留传下的民居

多少痛苦煎熬，不知承受多大精神压力。

飘飘九娘真奇哉　凭险守敌抗东寇

那是历史上元朝皇族互相残杀的动荡时期，几十年间气数耗尽。元朝苟延残喘的末期，25 年间先后有 8 位皇帝"你方唱罢我登场"。王室贵族争权夺位，互相残杀；地方贼寇劫掠侵扰，鸡犬不宁；四面八方农民起义，风起云涌。为解救困苦之中的乡亲，九娘不顾个人安危，领兵抗敌。元顺帝至正年间（1341—1368 年），东寇陈子瑚趁元朝政权风雨飘摇，悍然兴兵作乱，官匪里应外合，攻下了乾宁安抚司，占领了府城重地，控制了城郊乡村。

陈子瑚早就觊觎叠里，得知蔡九娘天姿国色，他垂涎已久，这回有了可乘之机。攻陷乾宁安抚司之后，子瑚立即挥兵南下，围攻叠里，指名道姓要九娘作陪房。郡志记载：九娘守寨，内无粮草，外无救兵，抵抗月余，子瑚损兵折将，屡次进攻，叠里岿然不动。

古时叠里，即今天的海口市龙华区遵谭镇东谭村委会，今尚存汉珠崖郡治的遗址。当年，那里地形险要，是一处进可以攻、退可以守的军事要地。现在仍然残存的古城墙遗址及相当罕见的练武石——重可盈吨、状如齿轮的圆石盘，这令军事训练专家叹为观止的军训器材，见证了叠里的防御历史。正是这等军事环境，加上九娘的大智大勇，故能凭险坚守。

然而，以一千户所的区区老弱兵卒，抗拒新破郡城的凶狠贼寇，实在难为蔡九娘和叠里父老乡亲。眼看相持日久，贼势愈凶，攻打愈急，千户所兵伤亡日增，渐渐力不能支，九娘考虑再三，毅然告诀乡人："贼人新得郡城，不守而来，是为我也，我死则祸息矣！"

好一个蔡九娘，她捎话给陈子瑚：你若有本事，请到铺锦谷决一死战。铺锦谷，山林茂密，洞穴复杂，岩石嶙峋，道路崎岖，云遮雾绕，幽邃险绝，人入其中，踪迹渺然。子瑚色迷心窍，忘乎所以，驱兵追赶，不见踪影，怒不可遏，纵火焚烧，九娘死于岩中。

大义凛然真九娘　戏弄贼寇巧周旋

九娘之死，坊间流传各种不同说法。据郡志记载，九娘大义凛然，不屈不挠，一代烈女，风范长存。然而，野史记载，九娘被执，骂不绝口，不屈而死。还有另说，九娘义不受辱，投螺蛳井而死。螺蛳井，即今遵谭村委会儒和村丹发井。

可是，蔡氏宗亲却不同意这些说法，他们出示的《琼南叠里族谱序》的序文记载："东寇陈子瑚久闻九娘姿色甚美，且为武都千户侯之女，也禄、申甫之小姑，遂领兵攻掠叠里，围困月余，久攻不下，贼寇心虚，陈子瑚恐久困村庄，必生变化，便四处放风，如不得九娘，当夷平叠里，鸡犬不留。贼寇心狠手辣，恐吓族人，大有不得九娘誓不罢休之势。贼寇肆虐之时，九娘之妹身陷城中，面对贼子陈子瑚和主簿丘田的淫威，守身如玉，不屈而死。迭遭峻变，内外交困，国仇家恨，泣血锥心，蔡九娘与贼寇不共戴天。可是，贼势甚炽，攻势甚急，据守日久，力难退敌。于是，九娘心生一计，召集乡众，泣告父老曰：'若因我一人而害及乡邻，则我生不如死。九娘决不从

古院深深

贼，今欲单兵赴会，与贼周旋，愿父老勿以我为念。'于是，她脱下戎装，身着罗裙，薄施粉黛，设席垂帘，与陈子瑚相会。"

《琼南叠里族谱序》中的相关记载，还世人一个真实的蔡九娘，一个海南花木兰的英雄形象。九娘真不愧为琼州烈女，统领父兵守土保乡，力敌攻破郡城之贼，固守月余，屡挫贼锋，智勇双全。及至弹尽粮绝，兵马疲惫，九娘大义凛然，舍生忘死，保护乡亲。

闻道九娘愿意归附，罢兵设宴，鼓乐相迎，子瑚受宠若惊，急忙赴会。及至坐定，九娘对子瑚说："你我要结夫妇，必须和颜悦色，和睦相处，商定日期，明媒正娶。哪有陈兵围困，武力胁迫，逼人成亲的道理？"贼寇觉得此言有理，又见帘中佳人美若天仙、艳若云霞，早已魂飞魄散。子瑚色目迷离，花言巧语，连忙赔罪。九娘也无多话，淡然一笑，以手致意，表示让座，吩咐置酒。没多久，席开百宴，酒斟千盅，觥筹交错，酒酣耳热。

见蔡九娘"回心转意"，陈子瑚喜不自胜，马上传令，犒劳兵勇，一起入席。由于连日攻伐，鞍马劳顿，贼兵见佳肴盘满钵满，早已迫不及待。听得主帅有令，一个个饕餮放横，虎视鹰瞵。贼头陈子瑚又何尝不是如此！面对美人佳酿，他踌躇满志，更何况九娘娇态妩媚，频频劝酒，曲意逢迎，一再举杯，与之对酌。子瑚见状，也就开怀醋饮，不一会儿便烂醉如泥，其他贼兵贼将也东倒西歪。见有机可乘，九娘借故离席，夺得马匹，逃出重围。

及至酒气散去，蒙眬醒来，不见九娘，子瑚大呼上当，顿时恼羞成怒。回看那些平日里跟随鞍前马后的贼兵仍醉卧未醒，大骂酒囊饭桶，坏了大事。子瑚拷问叠里父老，迫他们带路，驱赶那些酒肉兵追拿九娘。可是，穿村越寨，一路前行，直至进入深山，哪里还见人影？及至太阳西斜，暮色渐浓，只见一处峡谷洞口，外面有一双绣花鞋。贼兵深知九娘功夫十分了得，没人胆敢贸然入洞，便捡柴堆草，纵火烧谷，放烟熏洞。折腾好久，并不见蔡九娘踪影，陈子瑚贼心不死，又强迫士兵燃起火把，前前后后搜查一遍，并无蛛丝马迹。

陈子瑚追悔不已，懊恼万分，便题诗于洞壁。诗云："酒不醉人人自醉，花不迷人人自迷。马蹄至此空归去，不是花迷是酒迷。"强盗迷花迷酒，贼兵悻悻而归。一伙歹徒，坏事做尽，天怒人怨。《琼州府志》载，"陷于郡城"

的张贤、张德两兄弟乘机"潜结义旅……平暴安民，郡城恢复，本道都元帅陈乾富上达其事"。最后是陈子瑚被执，死于非命。

为问桃源路何在　水山苍翠绿痕苔

据蔡氏父老世代相传，九娘仙洞就在铺锦谷。其时，九娘逃入铺锦谷，自料贼兵必追赶至此，便"金蝉脱壳"，将换下的绣鞋丢弃于洞口诱敌，陈子瑚果然中计。那时，蔡九娘手握硬弓，潜伏于洞口上方，仇人相见，分外眼红，惜乎树枝藤萝阻挡，无法发箭。

时移世易，沧海桑田。问当今蔡氏老人，何处是铺锦谷？老人无言，叠里无语，遍询十乡九村，竟无具体所指。转念一想，已经时隔600多年，谁还能指认具体处所呢？

其实，九娘仙洞就在九娘的家乡叠里，就在那青山绿水绿树茂林之中。几世几年之后的今日，那里仍然飘荡蔡九娘不屈的英魂。

蔡九娘仍然活在海南人民的心里，仍然活在家乡的苍山翠岭之间。蔡家父老曾出示蔡氏前贤《题赠蔡九娘》七律诗一首。诗云：

飘飘九娘真奇哉，紫陌红尘一帘开。
日月壶中晓妆镜，树云洞里整梳台。
樊姬尚侣妹家去，何女应唤姐年来。
为问桃源路何在，水山苍翠绿痕苔。

《琼台志》关于蔡九娘的记载

儒文一门三将军

海口市龙华区遵谭镇儒文村王氏，父承祖业，子振家声，到了第八世，居然有三兄弟投笔从戎，抗日报国，都官阶将军，远近村庄绝无仅有。他们分别是王梦云、王梦龄和王梦尧，其中王梦龄职衔中将，且兄弟三人都享百岁高龄。

时年81岁的宗族耆老王良枚告诉笔者，儒文王氏不仅因为第七代王均政而获得"大夫第"的美誉，还因为他的三个儿子而成为"将军之家"。

作为儒文王氏开基始祖王文魁的第十世裔孙，王良枚每月朔望都会从海口市区返回故居，洒扫庭除，烧香燃烛，缅怀列祖列宗，寄托乡思乡愁。

王梦云—— 集将军、政要、律师、学者于一身

王梦云生于1895年，7岁启蒙，父亲为他们兄弟延聘府县名士为塾师。几年严师作育，言教身传，为他打下了坚实的国学基础。12岁时，王梦云入府城肇新小学堂，先期同学有徐成章、陈继虞等。是时，受先辈王斧、郑里铎、吴宗澄等人民主革命思想影响参加集会结社。14岁时，由朱执信介绍加

入同盟会，曾参加袭击盘踞府城的军阀邓本殷的战斗。

18岁时，王梦云负笈羊城，考入官立法政学校，21岁赴京学数学、英语，后东渡日本，专攻法律。暑假期间，王梦云与钟衍林、李开定等借府城西门晏公庙为校址，创办私立琼海中学（今海南中学前身）。

王梦云

赴日求学期间，因东京地震停课，王梦云暂居海口。有感于海南文化落后，考虑再三，从能够身体力行者着手，便与唐品三、李开定、孙邦鼎、王硕人等筹办"海南书局"。

《海南百科全书》记载：海南书局创办于民国初年，主持人为唐品三，地址在今海口市博爱北路48号。书局以经营教科书为主，兼营各种图书及文化用品，设有印刷部，聘请海南社会名流编辑、校勘和出版地方文献，如《海南丛书》《大学衍义补》《琼州府志》和各县县志等，对继承海南文化遗产有积极作用。因日军侵琼，铺宇被强行侵占而停办。

这段文字与王氏家谱所记的内容相一致。抗日战争期间，王梦云辗转于大西南重庆、贵州一带，曾任国民政府军事委员会第一游击总司令部少将参议。1947年，王梦云应邀返琼，出任新创办的海南大学的法学教授，兼事律师。旅台之后，王梦云成了一个离家思乡的游子。随着年岁渐高，乡愁日浓，常常忆及故乡风物，忆及乡土美食，他幼时在大姐夫家稍住，耄耋之年仍时常提及："大姐所做菜粽甜咸俱佳，定安县府前猪脚粥味极甘美……"

挥之不去的乡思，使他联系乡亲，组建台北市海南同乡会并蝉联三任理事长。有感于旅台人士的子女十之有九不懂海南话，不知家乡事，他速力补救，着手编辑海南同乡会专刊，并筹款辑印海南先贤文集及纂修海南王氏旅台宗亲家谱合刊，分赠国内外学术机关、学人，供研究参考及敦睦宗亲、恭敬桑梓。

1994年，虚岁一百的王梦云病逝，连战书赠"议席流徽"挽幛。

王梦云集将军、政要、律师、学者于一身，学养深厚，名重士林。生前著有《民法总则要义》《民法债编释义》《民事诉讼法摘要》《点头纲要图解表》，发行《步兵》《正视》等刊物，辑印《白玉蟾全集》《丘文庄公丛书》《海忠介公全集》《滇南诗选》等。

王梦龄——受命于抗日危难之际

王梦云共有八兄弟、五姐妹，他排行第五，他和七弟梦龄、八弟梦尧都是将军，梦云是少将，七弟梦龄是中将，八弟梦尧是少将。

王梦龄，生于 1901 年，字介丞。王梦云《七弟安祯传》这样评价梦龄："秉性孝悌忠勇，勤俭朴素；少承庭训，长志鹏程。"王梦龄历任陆军步兵学校上校主任教官、中央军官学校重兵器训练班上校主任、国民政府军事委员会第一游击总司令部参谋处长、中将参谋长兼第一纵队司令、陆军步兵学校将官班

王梦龄

主任教官、国民政府国防部（以下简称"国防部"）战地巡回参谋教育主任、国防部中将高参等，戎马一生，曾获"甲种奖章"。

王梦龄毕业于广东省省立第六师范学校四年制中学班，旋赴东京求学，肄业于日本国立高等师范。在此期间，王梦龄受革命思潮冲击，认为肃清军阀，非军事不能奏功，遂弃文就武，考入日本陆军士官学校野炮兵科，1929 年毕业。

是年冬天，王梦龄回国，适值蒋、冯、阎矛盾爆发。危急艰难之中，时任教导总队见习官的他率二十余轻骑，夜趁风雪，突袭洛阳，反败为胜，立功受奖。

1938 年，王梦龄受命于危难之际，毅然进驻无定河（位于陕西北部）上游。这是兵家必争之地。他坚守阵地，发动民众，牵制日军，策反伪

军，迫使伪军携械投降，使日军陷于孤立，遭受沉重打击。王梦龄守土有责，抗日有功，受到国民政府通令嘉奖。

1942年，王梦龄奉命入美国南加州参谋学校及战车学校深造。学成归国，政治视野拓宽，军事水平提高，任国防部巡回参谋教育班少将班主任，对率部抗日大有裨益。

1943年冬，中、英、美三国首脑召开开罗会议，商讨联合对日作战，并发表《开罗宣言》，谴责日本占领东北三省、台湾和澎湖列岛，敦促日本必须无条件归还给中国。王梦龄阅历丰富，文武全才，入选中方代表团成员，肩负神圣使命，做出应有贡献。

1949年，王梦龄旅居台湾，晚年生活并不宽裕，他戒烟、戒酒、戒赌，节用持家，王梦云赞其"素有修养"。

2001年12月，王梦龄以人瑞高寿仙逝，遗愿埋骨桑梓，可谓落叶归根。

王梦尧——抗战时期驻守黄河渡口

王梦尧，生于1905年，早先就读广州工业学校，1924年考入黄埔军校第二期步兵科，毕业后进入南京中央训练团研究班继续深造。

1926年，王梦尧参加北伐，先后任东路军第一路指挥部参谋、少校营长，因屡立战功，升任中校副团长、第六师上校参谋处长。1937年抗日战争全面爆发，王梦尧升任第六师少将参谋长指挥作战。

王梦尧

抗战进入相持阶段，王梦尧转任河南洛阳行政区督察专员兼保安司令，负责驻守黄河6个渡口，不久调任豫皖鲁边区稽查处长兼党部书记长，负责三省交界七县党政军事。后来，王梦尧调任国防部少将部员。14年抗战期间，王梦尧以民族大义、黄埔精神效命报国。

抗战胜利后，蒋介石以精减军队为由，将王梦尧等非嫡系部队18万多将士列入编余，分别集中于南京、重庆、西安三地，入"军官训练团"受训，引发受训士官强烈不满。

1947年7月6日，王梦尧所在的南京中央官训团600余人身着军服，佩戴领章，手举国旗，冲破中山陵卫兵阻挡，集体跪陵痛哭。"六百军官哭陵"震惊中外，蒋介石勃然大怒。

事件发生后，王梦尧弃官避祸。

王梦尧曾任广东省人民政府参事室参事、海南省政协委员、海南省黄埔同学会名誉会长等职，曾赴京拜会黄埔同学徐向前元帅，并合影留念。1975年，王梦尧回海口定居。

晚年的王梦尧留心家乡教育和公益事业，可谓秉承庭训，克绍箕裘。2005年，王梦尧100岁，因病逝世，安葬故里。

儒文村村门

将军之家，崇德修身；一门三杰，家国情深。

王梦云编辑的《海南王氏旅台宗亲家谱类编》撰有谱联："莫恃祖宗积德，须看我辈修行。"家谱谆谆告诫子孙后代："良以我行而善，则扬名声，顾父母，光前裕后；我行而恶，则祖德虽盛，亦必灾及乎身，坠其家声，祸贻子孙……贫而好学，富而好礼，见贤思齐，余敢不勉……倘余之子孙，能鉴余之失而力争上游，固所愿也！"

修家谱，回故里，这是割舍不断的乡土情结，是儒文王氏第八代将门兄弟所魂牵梦绕的祖德宗恩，也是王家宗亲后昆无法割裂与传统文化密切相连的家族纽带。

原载 2018 年 1 月 8 日《海南周刊》，有改动

羽扇纶巾梁云龙

龙华山水澄澈，瑶草琪花，茂林嘉树，蔚然深秀，文化奇人梁云龙诞生其间。

梁云龙，字会可，号霖雨，海口市龙华区新坡镇梁沙村人。《梁氏族谱》记载：梁云龙家世贫穷，14岁才进私塾拜唐学究为师读书。可是，没多久，父亲去世，只好"废学而樵牧"。辍学后"从牧童驰骋原野……群童让我"，因母泣兄悲，"幡然而悔"，遂学古人"背水而战"，筑茅舍于东蓬园，"闭户不出，凿壁进餐，愤读及至夜分，或竟彻夜……"。

人是环境的产物。艰难困苦环境的磨砺，使梁云龙铭心刻骨，立志改变。那时，梁云龙已27岁，开始师从海南名儒郑篁溪习举业。十年寒窗，青灯黄卷，云龙发奋苦学，终于在明嘉靖四十三年（1564年）乡试中举，其时已36岁。此后，梁云龙孜孜不倦，20年"三更灯火五更鸡"，终于在万历十一年（1583年）登进士榜。其时，梁云龙已55岁。

云龙知天命之年中举，琼州士子为之振奋，时有海南文运将勃兴之说。

回忆三十年科考的辛酸，梁云龙说：兄长云鹏独力当家，一年辛苦，所收获的粮食仅能维持六七个月的生活，碰上荒歉，每日二餐不能吃饱，母亲仅吃稀粥一二碗，而他读书却享受三餐干饭，心中很不好受。正是艰苦岁月的自我

梁云龙苦读

砥砺，造就了这位旷世奇才。

当时，乡贤海瑞为此致书云龙，说道："得知高中，喜不自胜。我与亲朋戚友祝贺你。乡亲知道，你胸怀大志，笃力登攀，借此阶梯，可大有作为。琼州因你高中，为后辈树立了学习榜样。你荣登甲第，意义非凡，用世俗的眼光来看，就是仁人君子也难以达到。"

经历 30 年科考，梁云龙尝尽习举业之辛酸，侥幸出仕，对士子之苦感同身受。《海南百科全书》记载：万历十六年（1588 年），梁云龙典试贵州，力排众议，"所取多名士"，深得当时舆论颂扬，皆谓贵州典试"清风明月"。梁云龙忠于职守，拔新领异，出自公心，兢兢业业，士子称誉，乡绅咸服，上司首肯，因此被朝廷擢升为都察院右副都御使。

万历十八年（1590 年）鞑靼部侵扰甘肃临洮，梁云龙随兵部尚书郑洛率师平叛。面对外番入侵劫掠，百姓流离失所，云龙哀民不幸，寝食不安。他深入敌后，侦察地形，提出"绝甘凉假道以扼川海之喉"迫敌归巢的建议，此举奏捷，升为副使，驻兵河北井陉。

万历二十年（1592年），倭寇丰臣秀吉侵略朝鲜，势甚猖獗，朝野震动，远调梁云龙赴天津驻防。京官廷议，众说纷纭，言"增设边防"者附和众多，梁云龙审时度势，主张敕令将帅固守，罢敌台、陷阱诸费用，"节省费数十万两银子"，晋升参政，驻兵辽东。

万历二十二年（1594年），梁云龙调任陇右分守道，备兵甘肃庄浪。会土营鲁氏仗势欺人，气焰嚣张，专横枉法，百姓哭诉无门，官员畏其权势，冤枉不敢伸张。云龙愤然夺其营务，却被流言蜚语中伤。朝廷派员调查，同流合污，谎报军情，云龙竟被革职。

万历二十六年（1598年），北方边境告急，边民逃难，梁云龙被朝廷起用，随大司马在两河、松山（今内蒙古境内）平叛。吸取6年前进军朝鲜"扼守险道，迫敌归巢"的防守策略，梁云龙向大司马建议"据守待变，相时出击"，大获全胜，收复失地3000余里（1里=500米）。

不久，云龙遭诬陷，被解任回家，旋因荆楚一带苗藩哗变，官吏畏怯，州府失控，云龙复受起用为布政使，前往荆南治乱。云龙坐镇州府，羽扇纶巾，指挥若定，恩威兼施，安抚苗胞，谴责土司，申明法制，晓以大义，民族争端得以妥善处理，荆楚一带得以安宁。

云龙一生，手不释卷，学识渊博，诸子百家，文韬武略，无所不通。他在湖广巡抚任上所作《海忠介公行状》是后人研究海瑞的重要著作，给侄子带川的《背水战书》是了解梁氏家世及明代士子求学经过的史志。所撰《荡空松山碑》立于甘肃永登，记录明代边疆战事，很有史料价值；所赋《塞上曲七首》是边塞生活的生动描写，也是研究明史的珍贵史料。

俗话说："物以类聚，人以群分。"梁云龙《海忠介公行状》赞扬海瑞正气节直，独行敢言，昭于国史，即愚夫稚子俱能道之，足以师世范俗

残存的"世家进士"牌坊

……反观梁云龙为官，执政爱民，造福黎庶，谦冲自牧，又何尝不是"正气节直，独行敢言"。

作为海南人，梁云龙深知冼夫人"请命于朝，设立崖州"，对社会安定、百姓乐业，贡献巨大。为此，明万历三十年（1602年），梁云龙用皇帝赐予他的资财兴建冼太夫人庙。此外，梁云龙还兴办学堂，挖掘水井，修葺海南《梁氏族谱》，为故乡文化建设尽心尽力。

梁云龙画像

也是这一年，梁云龙因平叛有功，升任湖广巡抚。民间传说，梁云龙与叛军相持，苦无良策，营中寤寐，恍惚之间，得冼夫人"托梦"指点迷津，逐破凶顽，功成名就，升任提督军门，授俸一品。托梦之说，是虚是实，不得而知。但知云龙志于国家安定，心系百姓安危，殚精竭虑，将士同心，精诚专一，合力克敌，故成不世之功，扬千古之名。

《海忠介公行状》推心置腹，状曰："呜呼！公正气节直，独行敢言，业已简在帝心，昭于国史，即愚夫稚子俱能道之，安所事状？顾有隐衷微行，足以师世范俗，而或出于士人所不尽睹记者，不佞龙忝在戚末，事左右最久，亲炙最真，宁独不搦管详之，而令泯灭……"落款"巡抚湖广等处赞理军务都察院右副都御史兼兵部右侍郎同邑门下生梁云龙泣状"。从《海忠介公行状》中认识撰文者梁云龙，知道梁云龙与海瑞是亲戚关系，跟随左右时间最久；知道梁云龙笃学忘贫考中进士，文功武治世所称道，是深受海瑞赏赞的琼州府乡贤。

万历三十四年（1606年），梁云龙积劳成疾，卒于任上，明神宗哀思不已，颁诏御赐追赠梁云龙为兵部左侍郎，御赐祭丧，身后哀荣，荫庇子孙。皇帝遣行人司谕祭梁云龙，御祭文曰："惟尔伟略宏深，渊谋邃远。筮官武库，简赞戎行。东鄙西陲，屹嶂长城之倚；南倭北虏，并崇京观之封。扫庭绩著乎松山，犄角劳深于蕃播。乃膺任齐越，镇抚楚中。捍卫赖以无虞，调停每闻殚力……"御祭文评价之高，足以告慰云龙于九泉。

云龙一家，祖孙三代，建功立业，报效国家，光昭日月。明王朝下旨，敕封梁云龙、梁思泰、梁燮鼎为"一门三烈"。

梁思泰，字康斋，号安宇，系云龙次子。思泰少时，志趣专一，行遵礼训，谨守德行，孝父敬兄，勤奋读书。他由父恩荫入太学，登天启顺天辛酉（1621年）副榜。虽然有机会留在京城任职，但他志在边疆，便到湖广荆州府任通判。因政绩卓绝，升任贵阳府同知，奉差督饷，征讨黔酋，遭蛮酋设伏，陷入重围，血战捐躯。崇祯十四年（1641年）承旨敕勋，御赠光禄寺卿，谥"忠烈"，御赐祭葬，建坊立祠，被祀为琼州府乡贤。

梁燮鼎，字调元，号理窟，云龙孙，以父思泰恩荫入太学。初任通政使司知事，次任南京顺天府通判，刑部云南清史司主事，再任本部福建清史司署员外郎主事。燮鼎为官，忠君报国，秉正不阿，直言敢谏，疾恶如仇，奸佞党羽，绳之以法，严惩不贷，恶徒敛迹，威震京师。崇祯皇帝曾对群臣说："若朝中都骨鲠如梁卿，朕无忧矣。"还说："为人不沾祖父与父辈之功勋，而以先贤功德以勉励自己，实是难得之才。"燮鼎掌管太仓，贼寇攻城，他率兵抵抗，城陷被俘，贼寇逼他交出金库钥匙，威胁利诱，坚决不从。燮鼎大义凛然，严厉斥贼："我家世代忠贞，报效国家，决不从贼，苟且偷生，污辱祖先！"说罢从容就义。

公孙父子，一门三烈，千古流芳，山川生色。

海南首位尚书郎

薛村位于海口市南部，隶属于海口市龙华区城西镇。

2018 年 11 月 15 日，笔者在薛武鹰等薛家宗亲长辈的陪同下，参观薛家祠堂，拜谒薛家先贤。薛村是一处风水宝地，自明代永乐十六年（1418 年）薛预首登进士，出任福建南靖县知县以来，相继又有薛祥、薛远、薛广等人登进士、中举人，成为薛村的荣耀。

薛武鹰是一位儒雅的长者，他给笔者出示珍藏的《薛氏族谱》。薛武鹰自豪地说："祖孙尚书，全国少有，海南独有。在海南的历史上，祖孙同为尚书官的，只有我们薛氏先贤薛祥和薛远两人。这是我们薛氏子孙的骄傲，也是海南人民的光荣。"

《薛氏族谱》记载：明工部尚书（祖尚书）薛祥，字彦祥，薛村上房第十世孙，明初无为州人（其曾祖父七世孙薛玳从薛村入伍为军籍驻防府城前所，后调安徽，遂居籍无为州）。元末，薛祥随巢湖俞通海举兵，他们以水军战船千余艘归顺朱元璋。元至正十三年（1353 年）春，薛祥任水寨管军镇抚，随朱元璋克金陵，攻安庆，下江西，夺泸州；二十二年（1362 年）战鄱阳，攻两浙，取姑苏，下中原，屡立战功。明洪武元年（1368 年）转任河南漕运，又因善于用兵谕退众贼，被明太祖朱元璋授以京畿都漕运使，分司淮安，浚河筑堤，自扬州达济南数百里；徭役均平，民无怨言。治淮 8 年，民受益殊多。及考满还京，民皆焚香祝其再来，或肖像祀之。洪武八年（1375 年），改天下行省为承宣布政使司，以北平重地特授薛祥，三年治行称第一。后为左丞相胡惟庸所恶，劾薛营建官第，骚众扰民，被谪为嘉兴知府。洪武十三年（1380 年），胡惟庸因谋反罪赐死，薛祥被召为工部尚书。次年，因亲属犯罪株连，被杖致死，为毙于明太祖杖刑之下的第一人，天下哀之。之后，子薛能等四人因祖坐罪，充军海南卫治前所千户所（即其高祖七世薛玘入伍从军的地方），成为琼山人。

薛远，薛祥之孙，海南（府城薛村叔祖支）第十二世裔孙，明永乐十二年（1414 年）生于琼山府城。幼年聪慧，敏而好学。"宣德四年（1429 年）仲春，琼州前所兵调驻儋州，能携家小随，远拜师载酒亭〔嘉靖二十八年（1549 年）改名为'东坡书院'〕。宣德十年（1435 年），远以儋州宜伦学中式，中乙卯科广东秋闱举人，次年，远随能归前所。"

《薛氏族谱》记载："薛远在儋州读书七年，中举后随父回到府城，在琼州府学宫（也称孔庙、文庙，现在府城文庄路琼社大院内）拜名师王惠苦读。"王惠，字仲迪，原籍安徽合肥，年少时因慕著名学者赵谦（世称考古先生）为人，在赵谦谪教琼山县儒学时，趁其兄王志调任海南卫千户之机，不远万里落籍琼山，拜赵谦为师。在赵谦的精心栽培下，王惠成为博学能文、名声远播的儒者。洪武二十五年（1392 年），朱元璋宠爱的文学大臣解缙等朝廷显要极力举荐赵谦进京，但他看透官场险恶，借故婉辞，决志在琼山县乡下过他的平民生活。洪武二十六年（1393 年），王惠为了更好地研讨学问，便在府城南隅购地置霜筠轩，在那课徒读书，广交朋友，接洽琼州各地学者，薛远和丘濬就是他的学生。王惠希望他的学生像霜竹一样高风亮节。王惠家藏古书甚多，其婿赵璟便将宝藏之籍借给好友薛远、丘濬等人研尝读，并得到王惠耳提面授。薛远、丘濬的成名和王惠、赵璟的感化、支持是分不开的。

这在王佐的《外纪》中也有记载："璟与尚书继远、丘文庄仲深友善，时接谈笑，其声琅琅然，每伤其妻父王雪筠先生家多书籍而后无能主者。收藏宝籍用以资人，以故薛、丘二公多得名书观览，皆起寒畯而能以学识致通显，为海内名人，璟有助焉。"

《薛氏族谱》记载：在名师王惠的教授和名士赵璟的帮助下，薛远"（于）正统七年（1442年）登壬戌科刘俨榜三甲第八十八名进士，授官户部主事，儋州琼邑薛族同贺"。薛远名列明代琼山县进士第十位。其时，薛远28岁，可谓青年得志。景泰初年（1450年）薛远升户部郎中。天顺元年（1457年），薛远出使交趾（现越南北部一带），当时交趾不甘心臣服明朝，经常兴兵扰境，攻打邻国，占领城池，威胁明朝安危。薛远出使期间，以其丰富的政治阅历、高超的外交手段，出色地解决了多年来的边境纠纷。回国后，薛远从正五品户部郎中擢升为正三品户部侍郎，不久改任工部侍郎。这是当时琼籍官员中首屈一指的职位。

天顺五年（1461年）七月间，河南开封府土城被黄河大水冲决，加筑砖墙也被冲溃，城中官衙民舍冲毁过半，溺死者众，灾情危重。英宗皇帝诏命薛远治理。薛远亲临灾区，带领军民堵塞决口，抢修民居官廨，抚恤灾民。又奏请蠲免田租，济利于民，民众感其恩。次年二月，又督开祥符曹家溜，疏导引流，至此河患稍平，劳绩可嘉。开封城位于黄河边上，经常河水泛滥成灾，但

薛远带领军民堵塞决口

这一次灾难却是前所未有，为患甚烈。当此之际，薛远临危受命，可见明王朝对薛远的倚重，也足见他随机应变处理各种危急事件的能力得到朝野上下的公认。灾难平息，回到京都，皇帝论功评赏，薛远升任户都尚书，官居正二品。

成化初年（1465 年），两广壮、瑶"叛乱"，王朝派兵征讨，薛远奉旨总督两广军饷仓场。他与负责转运江西粮饷的左布政使翁世资协调变通，就地筹粮，急应军需，少调役夫，减轻负担。薛远善于策划，普于处置纷繁琐杂的军务后勤，深得皇帝嘉许，于成化二年（1466 年）升为南京兵部尚书，御赐玉带，参预机务，赞谋朝廷枢要政务。《正德琼台志》载：成化二年秋，薛远擢授户部尚书，邢宥擢任都御史，丘濬擢拜翰林学士，均在一月之内。

当是时也，京都轰动，学者惊叹，时人认为，就是天下望郡，如此盛况亦属罕见。特别是参预机务、赞谋朝廷枢要政务，这原本是阁臣之职责，不专属于兵部职权，但从薛远任兵部尚书开始，后来遂成制度。但是，算起来薛远在户部工作时间最长，先后 20 余年。明代户部，其职能是掌管全国户口及田赋、官员的俸禄、边镇粮饷、各地盐课、官钞等经济事务，是直接关系国家存亡的重要部门。成化年间，由于明宪宗朱见深宠幸万贵妃，奸臣擅政，宦竖横行，土地兼并，财政亏空，国家经济面临崩溃。在这种情况下，户部尚书面临的压力可想而知。薛远执政的理念是"革弊清廉"，在主政户部期间得到充分发挥。薛远常说："驭吏严刑以惩，不若先事而发。善革弊不若无弊可革。"这就是说，等下属吏员犯了错误才去严刑处罚他，不如事先防范使他没有犯错误的机会；善于革除弊政，不如事先制定好法则，使无弊政发生。这是薛远未雨绸缪的工作作风和考虑问题周到细密的政治方针。

主政户部，薛远制定了严密的规章制度，处理一切事务有条不紊，使一般的"胥吏"在会计出纳方面循规蹈矩，不敢胡作非为。每到年终，各地报送户部的明细账本，陈列种种困难，要求蠲免各项赋税，有关部门无章可循，无所适从，不知所措。薛远从实际出发，认为凡此种种，都可考虑予以批准。当时，朝野上下"官省民安"，一致称善。

明朝设置锦衣卫、东厂等特务机构，成化十三年（1477 年）又增设西厂，以太监汪直（原是广西大藤峡瑶族青年，参与壮、瑶"叛乱"被明军俘获，因生性乖巧黠慧，送入宫中得宠于万贵妃而成宪宗皇帝的心腹）为提督。汪直把持的西厂，是历史上臭名昭著的罪恶机关。

汪直包藏祸心，重用宦官韦瑛，残害忠良，滥杀无辜，手段狠毒，廷臣奏劾，纷纷请求撤销西厂，领头的是内阁大学士商辂和兵部尚书薛远。对此，宪宗皇帝却发怒说："汪直不过是奴仆一个，难道内廷不能阻止汪直的罪行？"汪直也把商辂、薛远等大臣视为仇敌，处处寻衅加害，以致薛远终为汪党暗算，罢官免职，同遭此难者数十人，一时朝野为之震惊。

从 28 岁入仕到遭受诬陷致仕，薛远已为朝廷操劳 35 年。成化十三年（1477 年）六月，薛远回琼，回到祖籍薛村，修理那间弃置多年的火山石构筑的破旧的祖宅（薛村上房第四世师长先祖留传下的），栖身其间。薛远为官多年，廉洁从政，食不兼味，家无长物，为官员树立了良好榜样。至今，祖宅已圮，尚存屋基地似乎一直在述说薛远往事。

薛远娶琼山旧州三龙村林氏为妻。对这段姻缘，三龙村林诗贵这样说："薛远中举，随父薛能回到前所，在离前所不远的琼州府学宫拜师，日夜苦读。

薛远故里牌坊

薛远的学习精神，被隔墙琼州祠堂（现在琼山红城厂内）主管林首事的女儿看在眼里，暗慕在心。她时常和薛远在一起读书学习。她在寒冬夜里为薛远送姜汤暖身，夏天用艾草为薛远驱蚊。看到这两个青年人如此恩爱，林首事觉得若女儿能嫁给聪明好学、品质优良的薛远，自己也就放心了。因此，他不顾当年世俗对军籍子女的社会偏见，托人向薛能说媒，把自己芳龄十七、美貌善良的心爱女儿许配给薛远为妻，成就了薛远一生的美好姻缘。"

《琼州府志》记载："远卒后旨命端为荫袭中书舍人。"嘉靖七年（1528年）《重修无为州志》记载："恩贡薛丕，尚书远之子；薛承裕，丕之子。"端与丕是否同一人，或是兄弟，已无从考证。薛远有一女嫁琼山大叠村龙应璋为妻，龙氏后裔有这样的传说："龙应璋在交趾等处任安抚副使时有政绩，薛远奉旨总督两广军饷仓场时，认识并了解到龙应璋是琼州同乡，为人廉洁奉公，文武全才，年轻有为，便把女儿嫁给他。"女儿后诰封参议荣国二品夫人，葬于丁村之原。现在，每年清明节，龙氏后裔都前往祭祀参拜。

薛远学识渊博，史称"敏而好学，于礼、乐、兵、刑、律历，无不涉其要，尤熟本朝典故"。他在户部、兵部任职，奏章、行文均亲笔撰写，办事均循约定章法。他对僚属常加训诫，申述惠政廉绩，向来被奉为楷模。黄佐《广东通志》记载，薛远著有《编正信都芳乐义》七卷等刊行。

薛远故里 上马石

在海南的文化史上，薛远、丘濬、林杰（同是琼山籍）与邢宥（文昌籍）是同朝为官的海南先贤。薛远中进士6年之后，邢宥考中进士，又过了12年，丘濬、林杰考中进士。成化七年（1471年）广东按察司副使涂棐为树琼人师表，颂乡贤勋德，弘扬地方文明教化，特建"表贤亭"于府城大西门外（即今府城忠介路的马鞍街与绣衣坊的接口处），府城人称"四牌楼"，以表薛远（当时正二品）、邢宥（当时正四品）、丘濬（当时从四品，后官居礼部尚书、文渊阁大学士，正一品）、林杰（当时正七品）。同时，还在小西门和儋州为薛远立"尚书坊"。

历史证明，薛远等四贤都能做到"廉史其行，松竹其操"，始终如一，保其晚节。薛远晚年退归海南"惟田圃是乐，足迹未尝城市"的史实说明，他为官廉洁，风节自励，后世敬仰。弘治五年（1492年），以建储有功，恩进为荣禄大夫，唐胄《正德琼台志》誉他"沈潜有猷为，善处烦剧而通变就事，六卿中多推重之"。弘治八年（1495年），薛远卒于家，享年82岁，葬于琼山薛村龙潭地，御赠太子少保。可惜的是，原墓碑于20世纪50年代后期被拆去修水利沟，寻找无踪，薛氏后裔于2010年按原模样重新镌刻，重立新碑。

2012年3月28日，海口市人民政府把薛远墓列为市级文物保护单位。2015年11月24日，海南省人民政府把薛远墓列为第三批省级文物保护单位。2015年8月，薛氏后裔镌薛远雕像立于墓前，以纪念正直有为、高风亮节的先贤薛远——海口第一位尚书郎。

历史遗韵

岁月不居，时节如流，千秋风云，转瞬而逝。

历史烟雨迷茫，但没有湮没西汉珠崖郡治遗址。

南海波涛，汹涌澎湃，老海口保护神依然风采。

朱元璋御封"灵山六神"，宣扬朝廷德政，化育黎民百姓。

冼夫人巾帼英雄，风姿飒爽，留下八仙泉、美面溪历史传奇。

岁月无情，将军有意，感动上苍，天赐神井，甘泉清冽，润泽一方百姓。

宋元古村，古道古庙，古碑古坟，古井古屋，古韵悠悠，文化蕴涵丰富。

两千多年，朝代更迭，历史遗韵，风采依旧，文化城区，人文财富丰厚。

两千年古郡珠崖

汉置珠崖，开疆致治，中央政府开始把权力的触须伸向天涯海角。于是，一批又一批的汉族官员跨越琼州海峡，登上祖国宝岛。于是，千古荒原点燃了华夏文明的熊熊篝火，中原文化和海岛文化的碰撞逐日加剧。于是，文明与野蛮也在碰撞冲突中逐渐融合，并不断推动海南经济社会的文明进程。

《海南百科全书》记载：汉元封元年（前 110 年）置珠崖郡，治所在瞫都县，辖海南岛北部和东部地区的瞫都、珠崖、玳瑁、紫贝、苟中、临振、山南等县。汉昭帝始元五年（前 82 年）儋耳郡并入以后，辖境扩大至全岛。汉元帝即位初年，岛民连年暴动。初元三年（前 46 年）春，珠崖郡山南县反，汉元帝采纳待诏贾捐之建议——"罢珠崖郡"。

从设郡到废治，短短 64 年时间，西汉珠崖郡治到底设在哪里？

虽然贾捐之"议罢珠崖"得以实施，西汉王朝似乎丢掉了一个"包袱"，但结果不像贾捐之想象的那样，岭南诸郡并不因此而太平致治。东汉建武十六年（40 年），交趾郡女子征侧、征贰举兵反汉，九真、日南、合浦诸郡闻风影从，65 城尽皆陷落。

建武十八年（42 年）四月，汉光武帝遣伏波将军马援、楼船将军段志发兵讨伐，于次年四月攻破交趾，斩征侧、征贰，余众降散，岭表悉平。相传，

珠崖古郡过公期

马援曾至珠崖，屯兵于大胜岭下（今澄迈县老城镇西边），建城郭，置井邑，修水利，立珠崖县。

又过去了 89 年，马援设立的珠崖县治遗址到底在哪里？

2000 多年过去了，朝代更迭，兴衰成败，珠崖郡治已消失在茫茫的历史烟雨之中，成了千古之谜。为了寻找珠崖古郡遗址，海南史学界先驱不遗余力，旁征博引，唇枪舌剑，争论不休。有的说，在遵谭；有的说，在龙塘。双方引经据典，各执一词，莫衷一是。

汉珠崖郡治遗址到底在哪里成了历史谜团。破解历史谜团，不仅仅是海南史学界的历史命题，而且也是海南经济社会发展史上的重大课题。

不管是回答历史命题还是完成重大课题，都必须坚持历史唯物主义的哲学观，必须坚持实事求是的科学态度，必须坚持深入细致的村野调查。为此，笔者坚持文化自觉，深入遵谭东谭和龙塘谭口实地，现场探访，了解人文地理、水文地理的历史衍变，分析研究地名、村名的历史文献信息，向乡人村老请教遗址现场的历史变迁。

"六君宣化"牌匾

在查阅国史、郡志的同时，笔者还查阅了大量的族谱、家乘和俚语、舆情。长达7个多月时间的村野调查，笔者走访了遵谭、龙塘二十几个村寨，采访了上百位村民，阅读了十几个姓氏的族谱和大量相关的研究资料，找到了大量的历史证据。

现将村野调查结果和研究报告整理如下，供史学研究者和保护海南西汉古城职能部门以及有志于开发历史文化遗址的相关人士参考。

"伏波将军平定岭南，首开九郡，对海南贡献很大。"老人一边说，一边指着郡内村遗址说，"那就是珠崖郡治遗址，我家傍着郡治，在郡城的外面，所以叫郡外村。"老人侃侃而谈："郡内村地势平坦，村边的山坡较高处是石梁村，而神岭下面的村子叫石陵村。"

说起郡内的村史，老人显得非常激动。他娓娓道来，好像一个历史学家在述说自己的专业知识。可是，老人所说所言是否符合历史事实呢？

虽然吴明昌老人高年百岁，但是他也不可能跨越春秋岁月，去见证2000多年前的西汉历史，那么，又是谁告诉老人这些历史信息的呢？

老人看出了笔者的疑虑，他说："六神庙的王昌运有一本书，上面记载有相关的历史事迹。我听老王说过珠崖郡治的故事，他收藏的那本书我也见过。但是，王昌运乏嗣，他百年之后，书也不知去向。"显然，口头相传也是历史传承的一种方式。

老人说得一本正经，他是诚恳的，只想澄清历史事实；但老人也是无奈的，澄清历史事实需要历史证据，至于那是一本哪个年代的书，书上具体怎么写，现在已经杳无踪迹。

岂止史书已消失，连20世纪初仍保存相对完好的城墙和珠崖神岭上的瞭望台也因人为破坏而几乎消失。

按道理说，郡城遗址的重要依据是古城墙。史书容易糜烂、容易消失，但石头不会糜烂、不易消失。偌大的古郡城，那么多的石头，怎么也寻无踪影呢？

吴明昌说："部分城墙还在，墙基还在，轮廓还很清楚。"老人怕我们不相信，他沉思片刻，接着说："民国十六年（1927年），盗贼劫村，损失惨重。贼退之后，村民拆城墙围村，毁掉一部分。后来，只要需要石头，就来拆城墙。"

许多事情都是这样，消失之后才觉得存在的可贵。老人说："20世纪拦海造田，还有海口市修滨海大道，也到郡内搬运城墙石块。那时候，到处是现成的石头，装满一大卡车，只给几元钱搬运费。"

回忆往事，老人无限感慨，好像做错了事的小孩。吴明昌、吴乾昌都搬过石头，他们都记得，神井旁边的城墙比屋檐还高，少说也有3米多。

"20世纪大修水利时，松涛水库二级渠道从郡内村西南边穿过，所需石头就地取材，那时拆了一部分城墙。后来，打碎石出卖，几部机器就安装在城墙边上，夜以继日地打，不知拆了打了多少石头。"

如果说为了打石头、卖石头而拆城墙还可以理解，那么为了积土杂肥而拆城墙，那简直是匪夷所思。20世纪70年代"农业学大寨"，大干快上，全东潭大队的社员聚集一起，几乎把城墙翻个底朝天，就为了那么一点点夹杂在城墙中的灰土。

这是一场浩劫，城墙被毁，令人痛心。

城墙拆毁了，土杂肥取走了，取石头、卖石头更容易了。然而，"卖得最多、拆得最彻底，是改革开放后修建公路，尤其是修建东线高速公路，石头需求量相当大。连续两三年，每天上百号人上百部车，来来回回搬运现成的石头，残存的城墙几乎劫掠一空。"

大家你一言，我一语，千言万语表达同样话题：从孩提时代到长大成人，到年过花甲，只见城墙逐年变低、变矮，最后慢慢地消失……岂止古城墙消失殆尽，珠崖神岭上的瞭望台也随着岁月的流逝而消失。据说，瞭望台比房子的屋顶还高，有的高达五六米。

吴坤胜、吴渤华异口同声地说："爬上神岭顶的瞭望台，可以看到很远的地方。"珠崖神岭是附近地势最高的小山，在山上筑瞭望台，其用途十分明显。

吴坤胜说："那是观察敌情的军事设施，站在上面，东边可以看到新坡、旧州，北边可以看到丁村、薛村，西北边可以看到儒万山、叠丹山，西南面可以看到东山、定安。"由此看来，神岭位置的重要性不言而喻，在神岭上筑城屯兵，具有非常重要的军事意义。

谢王村的王位泽、王位军出生于 20 世纪 60 年代，他们告诉笔者：瞭望台上有三四个垛口，他们孩童时代牧羊时曾经爬上台顶。当时只觉得好玩，不了解古人为什么要垒那么高的石堆，还设置垛口，不知道到底用来做什么。

珠崖神岭附近村民，家家户户都养黑山羊，几十只或十几只，大都到神岭上放牧。有时候，山羊吃饱了，钻进灌木丛中，找不到时便爬上"羊堆"——村民把瞭望台叫作"羊堆"。20 世纪中叶，神岭上还有好多个"羊堆"，隔几百米一个。古人怎么也想不到，他们留下的瞭望台成了放羊娃的"羊堆"，军事观察点成了监视羊群的观察点。

神岭上的郡城遗址，也是军事遗址。对于军事遗址的军事价值，珠崖神岭附近东堡村的陈仁兴颇有研究。陈仁兴参加过抗美援朝战争，在部队服役 28 年。1973 年，时任海南军区后勤部战勤参谋的陈仁兴，参加了当年"加强防卫，巩固海南"的那次军事拉练。

陈仁兴回忆说：为提高部队官兵政治素质和作战能力，为适应孤军守岛的战斗要求，除正规部队自行组织拉练外，海南军区机关包括司令部、政治部、后勤部和军区直属部队也一

两伏波将军像

律参加拉练。陈仁兴所在的机关，特地选择珠崖郡治遗址安营扎寨。为了说明珠崖郡治遗址地理位置的特殊性重要性，陈仁兴给笔者提供了相关资料，还特地画了一张路线图。

不同的人，不同的事，不同的物证，都在述说一个相同的事实——神岭是古珠崖郡治遗址的所在地。

确定珠崖郡治遗址在何处，需要确凿的历史证据。史志是一个重要依据，但不是唯一的依据，特别

海口市重点保护文物"珠崖郡治遗址"碑

是海南僻处海外，较长历史时期的社会动荡，海盗侵扰，倭寇劫掠，大量的历代史志毁于战乱。或有幸免于难者，也由于台风肆虐，倾房倒舍，毁于灾害；或有不毁于风灾，得以保存，也因气候潮湿而书籍霉烂。

相传，海南最早的地方志书为东晋（317—420年）盖泓所撰的《珠崖传》，全书1卷，已佚；继而是《补晋书·艺文志二》，但也是仅存书目。此外，还有成书于南宋嘉泰三年（1203年）至嘉定元年（1208年）的《琼管志》，也已散失，只是《道光广东通志》等古籍存其书目而已。

到了明代，王佐（1428—1521）有愧于恩师丘濬"郡牒未修"的遗愿，于古稀之年跋涉琼州各地，遍访风土人情，编成《琼台外纪》一书，为唐胄编撰《正德琼台志》提供了历史资料。

也就是说，海南志书的诞生先天不足，缺乏深厚的历史基础。能弥补志书不足的书信、笔记、铭文大多出于明代，留存后世的也不多。海南有丘濬和王国宪两大著名藏书家，但由于各种原因，后来也是片纸不留。至于民间藏书，

为数甚少，即或是有，也大多是明清时期编修的族谱、家乘。所以，《正德琼台志》成了研究海南历史的重要典籍。也因为这一原因，《正德琼台志》难免留下一些遗憾。

以珠崖郡来说，汉珠崖郡只有一处，但"珠崖郡"一名，《海南百科全书》"珠崖郡"条下分列 6 处。据相关史料记载，东汉永平十年（67 年），僮尹任儋耳郡太守，到任不久即提升为交趾刺史。其间，他曾返珠崖告诫官员勿贪珍赂，劝说百姓改变镂面之习。据此分析，东汉建武十九年（43 年）马援抚定珠崖复设珠崖县之后的 24 年，又复置珠崖郡。还有，南朝宋文帝元嘉八年（431 年），复设珠崖郡，不久又撤销。所以，实在难以凭那一本志书关于珠崖郡之名来断定汉珠崖郡治遗址之所在。

史料记载，隋开皇三年（583 年）废郡，大业二年（606 年）废州，唐贞观年间（627—649 年）省并州县，开元十三年（725 年）更改州名，等等。郡州之名相互交替，县乡和都图之名就更不用说了。就以"东潭都"来说，1950—1953 年称那邑乡，1954—1955 年称仁新乡，1957—1958 年称新潭高级社，1958—1961 年称潭口大队，尔后又改为潭口管区、潭口村委会。

短短几十年，一个"东潭都"的改换变动就如此之大，谁又能见证几百年以至更长的历史时期这一地名不会变来变去呢？《琼山县志》"中华民国行政区划"记载，其时琼山设有 5 个区公所，第一、第五区公所均设有"东潭乡"。以此而言，能够证明如黄培平局长所说的"志书记载明确了它的实际存在"和"建置区划标明了它的基本方向"吗？

关于"地形地貌确定了它的具体方位"的判断是说不过去的。潭口村委会博抚村东侧神

伏魔院碑

岭的显著特征是"三面平地，一面临水"，符合"平地中峙起一峰"的地形特点吗？而民国六年（1917年）凿的朱崖井，其地形特点就更不用说了。至于"考古勘探证实了它的准确地点"及所谓"符合汉代郡县一级建城规模"，也同样没有说服力。

当然，重要证据之一是考古，即有没有汉代文物出土，尤其是与军事有关的文物。有人说，最有说服力的文物是能够找到汉代的枪刀剑戟。可是，非常遗憾，海南本土至今并没有类似文物出土，但不能因此而臆断汉代没有在海南置郡设治。不过，话又说回来，肯定珠崖郡治遗址所在地需要实物证据，那么否定珠崖郡治遗址所在地是否也需要实物证据呢？

虽然证据姗姗来迟，但最终还是揭开了历史面纱。

2006年6月，南方出版社出版的《海之南》"人文篇·古今海南"刊登有夏萍、郝思德撰写的《海南古陶瓷——穿越时空见证历史》一文，该文"天涯何处珠崖郡"这样写："位于海口市龙塘镇的珠崖岭，原有一座古城，很多人猜测它就是汉代建制两大古郡之一的珠崖郡……1999年，我省文物工作者对珠崖岭北部的一段古城墙进行发掘，所出土的部分瓷器，用它们的釉色、形制、造型、花纹等，明确地告诉今天的人们，这里不是汉代的珠崖郡……文物工作者收拾起从这里出土的300多件瓦当、板瓦、兽面砖雕及一些青釉碗、罐、盘、钵等，把唐代古城字样踏实地写进了对珠崖岭的记载中。"

考古结果否定龙塘说，不正是就此肯定遵谭说吗！

老海口的保护神

有学者评说，海南文化从根本上说是女性文化，是以冼夫人为首的巾帼英雄文化。宋元时期，天上圣母妈祖随广东、福建等地商人迁琼，天后宫开始在沿海地区兴建。那是以海洋文明为代表的女性文化，是以妈祖为代表的海上和

白沙门中村天后宫

平女神，那是老海口的保护神。

《正德琼台志》记载：明代海南有天后宫 12 座。《琼州府志》记载："天后庙，一在白沙门，一在海口所；元建，明洪武间屡葺。"白沙门天后宫建于元代，供奉天后娘娘。那是海口的开埠时期，也就是说，从形成小渔村的时候起，天后就是海口的保护神。

"天后"，原名林默，也叫"妈祖"；"天后"是官府给她的封号，"妈祖"是民间对她的尊称，沿海地区信众尊她为海上保护神，习惯称作天后娘娘。北宋建隆元年（960 年），林默生于福建莆田湄洲。历史记载，林默仁慈善良，见义勇为，扶危济困，受人敬重。

雍熙四年（987 年），林默因救助海难遇险人员羽化升天，乡亲们怀念她，便修庙奉祀。此后，出海人纷纷传说狂风恶浪中有一红衣女子现身救助。开初，人们奉她为"通灵神女"。宋人刘克庄说"灵妃一女子，瓣香起湄洲"（《白湖庙二十韵》)，说明了这一史实及其肇始之地。尔后，文人歌咏，皇家称颂，历代朝廷给了她诸多封号，使之成了人们远涉重洋、战胜海难的精神支柱。

700 多年过去了，白沙门古庙里仍保存有一艘雕刻"天上圣母"字样的石船。白沙门村民说："这是庙藏珍品，镇宫宝物。"确是宝物，看船身上那栩栩如生的"双龙"，几百年间一直不停不息地"戏珠"，就可以理解人们孜孜不倦的追求和寄托龙游大海的期待。

这种追求和期待，集中体现在金殿上那座天上圣母的雕像上。那就是被尊为"天妃""天后""妈祖""妈娘"的海上守护神。仔细端详眼前这位年轻美丽的"圣母"，只见她头戴凤冠，身披黄袍，面若桃花，目似点漆。就是这位妙龄少女，她从守护本土到护佑航海，到走向世界，已经历 1000 多年风雨；从"乔迁"白沙门至今，也经历了 7 个多世纪。

这位天上圣母，她熟悉这方水土，了解这里百姓，早就被白沙门人尊为"婆祖"。每逢圣母诞辰，白沙门古庙成了最热闹的地方。庙里圣殿上方有一块"慈云广被"的牌匾，是清道光年间广东水师提督吴元猷所敬赠。吴元猷是海口市琼山人，幼时失双亲，被招入海口水师营。因追剿海盗有功，从伍长升为龙门千总、崖州副将。时江洋大盗张十五、刘文楷骚扰百姓，危害治安，元猷

"慈云广被"牌匾

巧施妙计分别将其招抚和缉拿，稳定了琼北地区社会治安，由此声名鹊起。后升为广东水师提督，防守广州虎门要塞，出入风波，身经百战，屡建奇功。

据说，有一次吴元猷海上遇难，狂风恶浪中的战船眼看就要沉没，危急中他呼喊天后，不久便化险为夷，后来他到天后宫朝拜，特地赠送这块黑底金字的牌匾。是否为吴元猷亲自赠送牌匾到白沙门庙姑且勿论。因为，它所牵涉的已不仅仅是信仰问题，而是心理学、社会学、民俗学、政治学、民族学、经济学、文化学等学科的复合，是比较复杂的问题。

白沙门有三座天后宫，其中一座已夷为平地，另一座也已殿堂倾毁。现存的中村天后庙即元代所建的古庙，虽然已修葺一新，但相比之下，却是三座天后宫中最小的一座，然而也是最有历史文化价值的一座。也许是由于历史悠久，所以庙藏文物较多，蕴涵较丰厚。

中村旧庙已修缮一新，巍峨壮观，美轮美奂。所藏"镇庙之宝"除了"天上圣母"石船之外，一件是一根梁木，据说那是古庙的脊梁，重修之后一直舍不得抛弃，所以小心保存至今；另一件是一把约长5米的船桨，这把当代罕见的船桨尾端还有几处修补过的痕迹。

很明显，这是一把非常珍贵的船桨。虽然不知道那是何年何月何人所用之桨，但可以肯定村民曾持之参加海府地区龙舟竞赛并夺得冠军，所以村民视之如同珍宝，一代代珍藏至今，而且将一直珍藏下去。因为，人们所珍藏的，是一段历史，一种思想，一种希望。

中村天后宫所藏桨与桅杆

村民们怀着一种希望，重修天后宫殿堂，重塑天上圣母神像。希望寄于对联："庙堂重建风调雨顺千秋业，古迹复兴国泰民安万年春。"尊婆祖，所期盼的就是这种希望。这是一种精神信仰，也是一种文化认同。从小渔村到现代海口，靠的就是这种信仰与认同。

再后来，由于事业有成，财富增多，众商集腋成裘，大家共同捐资兴建天后宫作为会馆会址。到了乾隆二十年（1755年），兴化、潮州商人在白沙门上村兴建"兴潮会馆天后宫"，继而漳州、泉州商人也于乾隆四十三年（1778年）在近旁兴建"漳泉会馆天后宫"。

2005年冬月，笔者在两位老人的带领下，探访白沙门上村天后宫和"潮州会馆"。文献记载："潮行"先设"兴潮会馆"于白沙门上村，后迁于解放西路"潮州会馆"。所谓"潮行"，是福建兴化及广东潮州、汕头等地商人开设的商号，"兴潮会馆"是他们聚会的馆所。

《兴潮天后宫碑记》云："福之兴化、广之潮州，其来琼也历重洋之千里、涉烟波之万顷而装载匪轻……又值经商之所八庙思敬，栋宇之不轮奂，我众责也。于是各虔心解囊，其庙貌而更新之……"落款是"大清乾隆二十年岁次乙亥季夏吉旦兴潮众商同勒石"。碑文说得非常清楚，天后宫是"兴潮众商"所建。

264 年（截至 2019 年）过去了，这块记录捐修天后宫经过的石碑至今仍保留在庙宇内。

兴潮会馆天后宫除了前堂后殿、左右横廊外，右边还有一排侧室，规模不小，可同时容纳好几百人。可以想象，眼前这座行宫当年庙祭之日是何等辉煌！可是，几百年后的今天，大门已经破损，门户洞口大开，庙里虽然寂然无声，但历史建筑本身就是声音。

在这座天后宫正门顶端，有一块"天后宫"的石匾，上面有"咸丰十八年（1868 年）捐修"的字样。也许，那是最后一次大修，从那时至现在（2019 年），已过去了 151 年。石匾右下方，有一个残存的小石狮，雕塑非常精致，再下面是"民丰物阜"的篆刻。建庙者用心良苦，这般美好愿望，这等布局的殷切期待，也是妈祖信众和商会同仁对天后和会馆的殷切期待。

就在隔壁，几步之遥，虽然看到的是断垣残壁，但从遗址的石墩排列布局可以看出，漳泉会馆天后宫规模、格局比兴潮会馆天后宫要大得多。最引人瞩目的是那四块巨大的石碑，那是笔者在海南所见到现存的石碑中碑身最高、碑面最大、碑体最厚的关于海洋文明的石碑。

石碑宽 1 米，从基座面算起至少有 2.3 米。四碑两两相对，并排而立，相距四五米，气势雄伟壮观。这四块巨碑是鱼鳞状白色花岗岩，在海南本土从没见过。显而易见，这些石碑是从福建海运过来的，从这也可以看出漳泉会馆天后宫建造者的决心和毅力。

看看这些石碑吧，它们客观地记录了当年会馆活动和祭祀天后的真实历史。尽管时间已过去了 241 年（截至 2019 年），腥咸的海风早已把碑文剥蚀得模糊不清，但石碑顶部"众商抽分牌""众商抽分铭""众商捐题碑"和"重修天后宫碑"等几个大字依然隐约可辨。

这是一份非常珍贵的历史资料，虽然具体内容已看不清楚，但查阅相关文献可以了解当年会馆的活动情况。四块石碑中有两块提到"抽分"，乍一看很难弄清楚是什么意思。

"抽分"即征收关税。因是征收实物税，所以叫"抽分"。

早在唐代，政府就有了抽分规定："番舶之至泊步，有下碇之税"；"番商贩到龙脑、沉香、丁香、白豆蔻四色，并抽解一分"。宋设"市舶司"，掌管关税征收和对外贸易，开始是"十先征其一"；后来舶货按粗、细两个种类抽分，"以十分为率，珍珠、龙脑，凡细色抽一分；玳瑁、苏木，凡粗色抽三分"。

元仿宋制。至元三十年（1293年），元朝制订了《市舶抽分则例》，主要内容是统一税率，调整机构，禁止官员下蕃贸易，因公出使允许贩易蕃货，但必须抽分纳税，等等。其中有一条特别规定："令海北海南沿海州县加紧关防，如遇回舶到岸，着令离开，往原市舶司抽分。""众商抽分牌""众商抽分铭"勒石告示的，就是以上内容。

由此可知，会馆除了联络乡情、商议事务外，还担负沟通官府、商家信息，宣传抽分征税标准，贯彻朝廷政令促其畅通的特殊功能。延祐元年（1314年）修改的至元则例规定，对违禁品做了增补，违犯舶商、船主、纲首、事头、火长各决杖107下；提高关税征收率，粗货15抽2，细货10抽2；加大增收力度，规定诸王、官员依例抽解，犯者决杖107下并削爵、罢职；拘占船

白沙门中村天后宫正堂

舶、捎带钱物下蕃贸易，决杖 107 下并罢职；船主、事头知情不报，依法追究；违反则例入港，船主、事头等各杖 107 下。此外，则例还规定，"官员、权豪'诡名'请买"以及渎职、失职，决杖 87 下，撤职、降职，受财纵容者以枉法罪论，等等。立碑告示，希望众商知晓。

修改后的《市舶抽分则例》条文具体，规定明确，处罚严厉。

为了避免会员触犯法例，懂得依例保护自身利益，会馆便协同官府将则例勒石，立碑告诫，这就是立"众商抽分牌"和"众商抽分铭"两块石碑的原因。

至于"众商捐题碑"和"重修天后宫碑"，则是会馆组织扩建天后宫活动过程的有关记述。所以，尽管石碑字迹已经漫漶，但那一阶段商业史不但没有湮没，而且历久弥新，以天后宫为中心组建会馆促进商务活动的模式非常清晰。

漳泉会馆天后宫虽然倾毁了，但立碑人怒海行舟的播迁史、商海打拼的奋斗史以及白沙门商埠的发展演变历史将永远流传，妈祖信仰、妈祖文化、老海口保护神的精神力量将永远激励中华儿女不断开拓进取的信心和决心。

附：《兴潮天后宫碑记》

天后之为神也，庙祀遍天下而海边尤为多焉。盖其慈顺普济之功，凡舟渡者无不荫受其赐。福之兴化、广之潮州，其来琼也历重洋之千里、涉烟波之万顷而装载匪轻也哉！然其往来如织而波涛不惊者，皆神庇佑也。夫人之为德于人也，食其德者又必思报神之庇佑矣，无穷而独可无报乎哉！是故于吾众商旅天后尊神，固无家祀户贶而题白沙之有庙也。又值经商之所八庙思敝，栋宇之不轮奂，我众责也。于是各虔心解囊，其庙貌而更新之，虽不以云报亦聊表丹诚于万一耳！是役也更始之年兴矣，落成之日不可不勒之贞珉，以远示后之人也。爰是舆乎而为之记！

大清乾隆二十年岁次乙亥季夏吉旦兴潮众商同勒石

御封灵山祠六神

灵山祠，亦名"灵山六神庙""珠崖神庙""珠崖古庙"。灵山祠有多处，然又称"珠崖神庙"或"珠崖古庙"者只有一处，即位于海口市龙华区遵谭镇东谭村委会的谢王村之庙。

灵山祠历史悠久，威灵显赫，遐迩闻名。《正德琼台志·卷二十六》记载："灵山祠，宋元旧祠灵山、香山、琼崖、通济、定边、班帅'六神'。国朝洪武初，知县李思迪重建。三年（1370年），例勘该祀神祇，知府宋希颜以其能兴云雨，御灾患，奏入祀典，赐今封。后推官郭西、镇抚陶贵、千户俞凯又捐俸宏建。祝有'九层协梦，万里加封'之句。"《民国琼山县志·卷五》记载："灵山祠，在灵山……明洪武三年，例勘该祀神祇，知府宋希颜以其能兴云雨，御灾患，奏入祀典，以三月九日致祭。"志书记载，明成化、万历以及清康熙、雍正、乾隆历朝历代均有重修，并留有《重修灵山祠记》。

因为皇上御封，州县官员奉祀，祠堂香火鼎盛，信众甚多，热闹非凡。《重修灵山祠记》有"每暮春之九日，郡长贰率僚属遵祀典，以牲醴致祠下"的记载。因为"珠崖侯王合祀于灵山祠"，"每岁遇神诞期，地方官捐廉致祭"，故祀典盛况空前。

珠崖古庙位于珠崖神岭下，庙宇的后院左侧立有一块石碑，上面镌有原琼

灵山祠

山县人民政府《关于第二批县级重点文物保护单位的报告》（琼山府布〔1992〕3 号）的布告，其中有这样的一段文字："珠崖郡治遗址位于遵谭镇东潭乡，西汉元鼎六年设置，现存珠崖神岭、珠崖古庙和珠崖古井列为文物保护单位。"

那么，珠崖古庙为何成了灵山六神庙呢？《正德琼台志》记载："珠崖侯王合祀于灵山祠。"但是，在此之前，珠崖古庙是否兼祭"六神"呢？今天，我们已无法了解当年的具体情况，也无法看见当年"御旨"六神封号及祀典的详细内容，但有可能，圣命一下，官员趋奉，乡绅响应，委曲求全，即时祭祀，于是出现"六神庙兼祭珠崖侯王"的事实。

灵山六神庙，顾名思义，是供奉位于灵山的六位神灵的庙宇。灵山六神庙由来已久，庙内供奉神灵与灵山镇灵山圩六神庙所供奉的六位神灵同姓同名，庙祭也同月同日。据说，灵山原叫黑山，古时候盗匪出没，为害乡里。南陈（557—589 年）之际，六兄弟进山剿匪，不幸遇难。隋朝初年，黑山平靖，地方安定，人们认为乃六兄弟显灵，便修建六神庙祭祀他们。

到了宋代，琼管司将黑山更名为灵山。尔后，扩建六神庙，并改名"灵山祠"。《正德琼台志》记载："灵山，俗名黑山，在县南十五里那社都。乔木阴翳，卓有佳趣，自北渡海至中洋即见。及抵其所，势不甚突兀，中有神祠。"如今，灵山镇神祠仍在，门口对联仍在，联曰："六神褒封源流自宋，神通广大名传列朝。"但是，神祠香火已远远不及合祀珠崖侯王的珠崖古庙鼎盛。

珠崖古庙建于何时，不得而知。然而，一目了然的是，珠崖古庙门口所悬挂的也是"灵山祠"的牌匾，门口也悬有对联："灵昭祀典逢三笔，山得褒封障一图。"虽然对联内容与前庙并不相同，但列入祀典的也是"灵山""香山""琼崖""通济""定边""班帅"。

虽然得到皇上诰封赐号，又有州官推波助澜，还有乡绅捐资建庙，而且庙祭祀典也相当隆重，但是，耐人寻味的是，六神庙并不因此而遍地开花，只是相对集中于特定地域，即基本上是沿南渡江向上游龙州河支流两岸附近的乡村延伸，主要包括灵山、龙桥、龙泉、遵谭诸镇以及龙州、龙门一带。也就是说，"六神"的虔诚信徒基本集中在这些地方。

灵山祠

这种地域特点说明的是什么？据说，南陈时期那六兄弟是随冼太夫人的部族进山剿匪时遇难的。冼夫人抚平百越，"儋耳归附者千余峒"，在海南享有很高声望。相传，冼夫人驻军新坡，八仙泉一带是其活动的范围。新坡、八仙泉离珠崖古庙不过数里之遥，那一带曾是冼夫人管控的区域，是六兄弟征剿游匪的地域，周边百姓庙祭六神，在情理之中。

传说，当年朱元璋废革野庙之时，六神曾托梦于他，说朱氏进军琼崖，兵不血刃，乃六神助力。朱氏半信半疑，正要令人暗地查访，恰好琼州知府宋希颜的奏疏呈上，于是龙颜大悦，立即谕赐封号。皇家下令，谁敢抗旨？更何况所祭珠崖侯王，年代已经久远，周边村庄居民也是世代相传。合祀"六神"与"珠崖侯王"，到底哪个是主祭，哪个又是兼祀，并无人较真，也无法较真，也就既成事实，但三月九日祭期却是事实。

时间过去了数百年，人们也逐渐淡忘往事。据说，几十年前有一守庙人王昌运，他手中有关于珠崖古庙的历史记载，但岁月无情，昌运去世，连人带书，随同时间的流逝而消失。2007年，时年97岁高龄的王明昌老人曾追忆往事，但又有多少人会倾听村野乡老的历史述说呢？

灵山六神庙保存有一些历史文物，有雕刻于清初的六神雕像，有"重修珠崖郡遵都图仁政乡灵山祠"的石碑，有立于清嘉庆十四年（1809年）和道光二十五年（1845年）的"奉县禁示"石碑，有光绪五年（1879年）镌刻的悬挂于门口的"灵山祠"木匾，以及清初琼州知府牛天宿题颂

六神塑像

的寄托"宣扬朝廷德政，育化黎民百姓"的"六君宣化"的牌匾。

还有一块石碑，立于庙前左侧。这里头隐藏着一个历史故事，一个与灵山六神庙并不相同的传说。从现存碑体看，是用水泥把断成两截的残碑拼贴一起，成为整体的。碑的顶端横向镌有"伏魔院"三个字，下面镌有"程张包谢王李六大天王"的字样，左右分别是"南无弥陀佛"和"地极驱□院"（字有缺失）。乍一看，实在无法知晓这方石碑与六神有什么关系。

吴明昌老人曾说，六神又名"六大天王"，分别姓程、张、包、谢、王、李，真实名字分别叫程灵山、张香山、包琼崖、谢通济、王定边和李班帅，六神故事与黑山六兄弟上山剿匪不幸遇难的传说并不相同。这一说法令人纳闷，一再询问："有什么依据呢？"老人说，残存的石碑就是依据，世代流传下来的故事就是依据。所得依据是，珠崖神庙人文蕴涵丰厚。

从故事，到传说，到神化，这不是村野调查所需要的实证。然而，把英雄神化并不是遵谭人的专利，九州大地自古皆然。之所以如此，是因为人们崇拜英雄，认同业绩，认同英雄为百姓安居乐业所做出的历史贡献。六神牺牲自我，保一方平安，百姓永远悼念。

那么，这"程张包谢王李"六位，是不是皇上御封的六位神灵呢？有意思的是，《正德琼台志》在"九层协梦，万里加封"祝文后面有一句"然志无稽"的补充。然而，志书没有记载，并不妨碍黎民百姓对历史英雄的景仰，更不妨碍每年诞期祭祀人如潮涌。

也许，更有意思的是珠崖古庙门前那对与众不同的狮子，它们造型独特，色彩鲜艳，憨态可掬，十分可爱。一般来说，守门的狮子莫不要求造像威猛，俨然不可侵犯，可是它们却一反常态，非常和善，富有人情味。也许，庙前的狮子富有包容心，就像珠崖古庙一样，既叫神庙、六神庙，又叫灵山祠、珠崖郡庙，又是兼祭、兼祀，甚至连对神灵指名道姓都满不在乎。

也许，正因为如此，珠崖古庙才拥有众多信徒。据说，除了二区三镇三十六村之外，海口其他地区也有不少信众。然而，尽管所祭拜的是六神，但附近村民对外来人自我介绍，都声称自己"家住珠崖郡治边"。就像当年的琼山县政府立碑告示"珠崖神岭、珠崖古庙和珠崖古井列为文物保护单位"一样，就

狮子塑像

像路碑所指"珠崖古庙由此进"一样，珠崖古庙得到了政府主管部门和周边村民及过往游人的文化认同。

从故事到传说，从神化到狂热祭拜，今天，珠崖"公期"祭拜的衮衮诸公，除"珠崖侯王"与"班帅"实有其名外，其余的都是神化的人物。

八仙泉与美面溪

龙华福地，物华天宝，境内八仙泉，青山环抱，景致秀美，泉流不息。那八眼喷泉，犹如八条青龙喷出八股水柱，搅得一汪清波腾起漫天水汽，把山川大地搅得甘畅淋漓。此泉澄澈见底，水质清甜，冬暖夏凉，惹得八方男女，呼朋引伴，聚集泉边。

八仙泉，位于东线高速公路新坡立交桥西侧约 1 千米处，是龙华潭丰洋湿地公园保存良好的自然水系、羊山地区闻名遐迩的火山冷泉，是海口珍贵的旅游资源。八仙泉那片还有一个美丽的名字，叫美面溪。山水是神秘的，这沾仙带故之名是因何而来的呢？

这一名字的由来富有神奇色彩。相传，她与巾帼英雄岭南圣母冼太夫人密切相关。

梁大同年间（535—546 年），冼夫人进军海南。其时，琼州苦旱，连年无雨，水井干枯，田土干裂，禾苗枯死。旱灾百年一遇，人畜饮水奇缺，生灵涂炭，冼夫人忧心忡忡。

驻军新坡，小溪断流，十乡九村，打井无水，又逢炎夏，暑热交迫，干渴难耐。村民盼水，军营缺水，家畜断水，病人渐多。冼夫人寻想无计，亲率将士寻找水源。可是，踏破军鞋，寻遍四野，滴水全无。冼夫人心急如焚，劳累

新坡八仙泉

过度，一病不起。

得知冼夫人因寻水得病，而且病情危急，民众相互转告，纷纷到营房探望。看到冼夫人病容憔悴，乡亲们守在床边，低声抽泣，不肯离开。恰巧，是日八仙巡天，看梁沙一村，愁云惨淡，好生纳闷，便按下云头，变作村民，挤进人群，想打探个究竟。

得知缘由，八仙心生悲悯，互相商量，愿助冼夫人一臂之力，解民于倒悬之中。于是，八仙升空，举目四望，山陵起伏，怪石嶙峋，地面无水，幸好熔岩深处，有清泉奔流。于是，八仙各显神通，钻石穿岩，引出八口清流，不仅势如喷泉而且清澈甘甜。

八仙商量：如何让冼夫人人知道，这里有甘泉，可解除忧虑，使身体康复。何仙姑自告奋勇，扮作老太婆，提一罐甘泉水，送到冼夫人跟前。她说："夫人，西山有甘甜泉水，您把泉水喝下，病就好了！"蒙蒙眈眈之中冼夫人喝下泉水，顿时神清气朗。

喝了甘泉，浑身清爽，冼夫人霍然而愈。按照何仙姑的说法，冼夫人与村民直奔西山而去，看到八眼仙泉喷出水柱，喜极而泣。及至要找送水老人道谢，却已不见人影。只听见空中仙乐飘飘，八仙已飘然升空。人们为纪念八仙，便命泉名为"八仙泉"。

据说，喜得甘泉，灾旱解除，万物复苏。此后，冼夫人部属和当地群众都用八仙泉水煮饭、做菜，到八仙泉下游的溪流洗澡、洗衣服。久而久之，后生们身体越来越壮实，姑娘们也皮肤白净，洁如凝脂。于是，人们便将八仙泉下游的溪流称作"美面溪"。

与其说这是一个传奇故事，一个与冼夫人和八仙有关的传奇故事，毋宁说这是龙华百姓崇尚民族英雄的历史故事，一个热爱家乡、知恩图报、积极向上的历史故事。山山水水是自然现象，赋予山水传奇色彩却是精神现象，八仙泉、美面溪，是一种人文美。

八仙泉、美面溪，更是一种自然美。古往今来，多少人陶醉于山水之美。孔子"登泰山而小天下"（《孟子》），说的是"站得越高，看得越远"。然而，我更欣赏老夫子在水边说的一句话："逝者如斯夫，不舍昼夜。"（《论语》）哲人因山水而产生睿思，故"智者乐水，仁者乐山"。

新坡八仙泉

这就是古人所说的"仁者见仁，智者见智"。老子以水比喻德行，说"上善若水"。站在八仙泉边，看水从地底下涌出，流向远方，义无反顾。与此同时，看远方客人，不避寒暑直奔八仙泉而来，来聆听巾帼英雄冼夫人的传奇故事，聆听美面溪的历史传说。

无论是历史传说或是英雄传奇，每每与山情水韵、环境优美互补互助，相映成趣。客观地说，八仙泉与美面溪是山水美，注入历史传说、传奇故事是人文美，两者的有机结合，就成了中国游览文化，它丰富了文化生活，美化了文化生活，满足了生活需求。

八仙泉与美面溪是龙华的大好风光，海口的美丽景观，那优良的环境财富、优质的旅游资源，正期待我们用心去发现，去观赏，去认识，去亲近，去拥抱，去跋涉，去吟咏，去挖掘，去与她交流，去引她以为知己和密友，去让自然风光与人文资源成为财富。

龙华是美丽城区、历史城区、人文城区，她有美丽的自然景观，有悠久而丰富的文化传统：历史文化、诗词歌赋、汉代郡治、宋代乡校、元代更楼、明代书院、清代戏本，历代牌坊、民俗风情……所有这一切也正期待我们去发掘、学习、理解、继承和发扬。

这是龙华城区文化丰富性的所在，这是作为历史文化城区不可或缺的文化遗存，这是作为国家历史文化名城文化遗迹的重要补充。当我们游览八仙泉和美面溪之时，认真聆听冼夫人的历史传奇、文化故事，我们会感到龙华文化传统浓烈的影响，并为之而激动。

徜徉八仙泉，漫步美面溪，耳边突然响起苏东坡写的那首歌颂冼夫人历史功绩、感怀自身、表达自己崇敬之情的诗《和陶拟古九首之五》，诗云：

冯冼古烈妇，翁媪国于兹。

策勋梁武后，开府隋文时。

三世更险易，一心无磷缁。

锦伞平积乱，犀渠破群疑。

庙貌空复存，碑板漫无辞。

我欲作铭志，慰此父母思。

遗民不可问，偎句莫余欺。

爆牲茵鸡卜，我当一访之。

铜鼓葫芦笙，歌此送迎诗。

苏东坡非常了解冼夫人的功德伟业。他在诗中高度赞扬了冼夫人在海南开幕府的不朽功业，概括了冼夫人在海南封地亲历梁、陈、隋三个朝代的变换和动乱，但一心为国为民，多次平息叛乱，最后手捧犀杖遵从陈主遗令，解除部落的疑虑，毅然归隋的史实。

可惜苏东坡不了解八仙泉与美面溪，不了解冼夫人活在龙华人民的心中，当然也不了解新坡冼庙的规模和气势，所以才感慨冼庙的破落，感叹自己欲为冼夫人作铭的不可行。

龙华新坡名贤梁云龙了然苏东坡的内心情结，所以他以一己之力在梁沙兴建冼庙，开海岛冼庙最大规模的先河。自然而然，梁云龙当然了知八仙泉与美面溪，那汩汩的泉流简直就是人们在演奏八音乐曲，那隆重的乐器铜鼓、葫芦笙等，让曲调更为动听。

所以，当来到八仙泉和美面溪，当吟咏苏东坡的"冯冼古烈妇，翁媪国于兹"之时，我们眼前好像看到冼夫人带领女兵寻找水源，看到百姓饥渴解除之后的欢欣。为此，我们会发现，正是这大好河山孕育了中华民族的优秀文化，也正是这无比辉煌的文化映照着这一片大好河山。它们融合在一起，密不可分，进入我们心中，成为一种文化心理积淀。

所以，旅游是一种文化现象，八仙泉与美面溪是一种自然现象更是一种文化现象，因而行走八仙泉与美面溪，其实本身就是文化旅游。古人说："行万里路，

冯保与冼夫人画像

东坡居士塑像

读万卷书。"读书是用眼睛卧游，游八仙泉与美面溪是读大自然这本大书，读龙华自然与人文这本大书。

2018年春节，海南气温骤降，寒风凛冽，可是，八仙泉却水汽氤氲，热气腾腾。嗖嗖冷风万里奔袭，忽然遭遇暖暖泉水，顿时卷起团团雾霭，仿佛八仙腾云驾雾，呈现出罕见的冬日奇观。不少"候鸟"随寒流南下，万里骑行至此，目睹如此景致，恍若进入仙境。

岂止"候鸟"惊讶仙境，本岛土著也有不少慕名而至。可惜的是，面对自然景观油然而生的慨叹，内心震撼的只是自然美，更深层次的人文美却罕有人知。我想，何不在此立个石碑，或者绘一组巨型画图，把仙境的历史传说、人文故事展现出来？

丰富生活，美化生活，再也不满足于简单的生活需求，满足人们对衣食住行、游艺交际的要求，是社会各界的普遍愿望。但是，怎样丰富、如何美化却颇费斟酌。这不仅是一个经济问题，也是一种文化现象，需要多方面的协作来共同完成，龙华可以率先尝试。

这也是文化创新，龙华已在创新中有所突破。这与"候鸟"南下，寻寻觅觅来到八仙泉一样。一个有故事的喷泉所孕育的是一个有文化理想的城区。文化大师苏东坡早在宋代已有感慨，我们把他的感慨立在八仙泉边，把冼夫人美面溪的传奇故事公之于众，这是文化创新应有的题中之义，譬如八仙泉，毫无私心，滋润万物，富有仁义；犹如德行，千古如斯，滔滔不舍，日夜不息。自然与人文的结合象征水德，象征智慧，象征奉献。

天赐神井救大军

一部羊山历史，说到底就是觅水而居、凿井而饮的历史。

相传，2000多年前的西汉时期，伏波将军路博德进军海南，开疆拓土，立珠崖郡，设治东谭，遇到的最大难题就是缺水。他驻军神岭，祈求上苍，随后石破天惊，惊现井泉。

于是，千年珠崖，东谭大地，世世代代流传天赐神井解救西汉大军的传奇故事。把井称为"神井"，这名字的本身就是说明，这口井的出现，非人力所能为，是神力赋予。

神力所赋予的水井，全称"珠崖神井"。岂止井号"神井"，岭也称"神岭"，庙也称"神庙"。把珠崖与神井、神岭、神庙相提并论，足见珠崖之设在时人看来，是顺天之意，是神灵所赋予。

何谓"神"？《辞海》解释："（神）也叫'神仙''神灵''神道'。宗教及神话中所幻想的主宰物质世界的、超自然的、具有人格和意识的存在。神的观念产生于原始社会，是人们不能理解和驾驭自然力量时，这些力量以人格化的方式在人们头脑中的虚幻反映。"

由此推而广之，珠崖，是神圣无比之郡；神岭，是神灵显赫之岭；神庙，是神奇灵异之庙；神井，就是神妙奇异之井……所有这一切，得之不易，无限珍贵，无上神圣。

按照东谭先民的说法，周边山陵起伏，名山名岭数不胜数，唯有这岭称为神岭。为什么呢？东谭人反问，如果不"神"，为什么西汉王朝拓荒启土，立郡珠崖，择地设治，不选别处，偏偏选定这岭呢？还有那古庙，如果不"神"，焉能有"六君宣化"的封号？

神井得名，神乎其神。2007年，时年97岁的东谭村民吴明昌老人说：当年，前伏波将军路博德渡海登陆，率领汉军日夜兼程，来到神岭脚下，人困马乏，饥渴难忍，有的士兵由于干渴过度，昏厥过去。无奈之下，路博德跪地焚香，祷告上苍，恳求天赐甘泉。其实，将军也饥渴难耐，唇焦口燥，几至昏厥。精诚所至，金石为开。朦胧间，路博德看见一位长髯老人从天而降，手指山岭，轰然一声，天崩地裂，神井出现，甘泉如涌。士兵欢声雷动，伏波将军感激不尽，便用宝剑在石壁上凿"天井""福波"四个大字。

吴明昌老人说："几十年前，这四个字还隐约可辨……你说神不神？"说罢，老人朗声大笑，接着说："神井就这么'神'！"老人是虔诚的，他说得一本正经，不容得你不信。他的话外音是，珠崖立郡，海内归一，国家一统，百姓安定，天从人愿，这就是神。

再者，天赐神井，解救大军，就是拯救珠崖，这是神的旨意。把说得清或说不清的都归于"神"，这是一种善良，一种信仰，一种智慧。话说回来，如果不是，为什么火山熔岩坚硬无比，这里却掘出深井？为什么每逢冬季，别处井水干枯，而神井却泉流不竭？

2007年5月7日，笔者为深入了解神井而专门探访周边村庄。

珠崖神井，又名养生井，位于珠崖神岭脚下，处在遵谭镇东谭村委会谢王村、郡内村与卜创村之间，泉水距地面有120多个台阶，是遵谭地区三大深水井之一。村民们说，这是一口"过冬井"，意思是即便冬天枯水期，别处井泉枯竭，可是神井依然清波荡漾。

吴桂莲是遵谭镇东谭村委会谢王村人。她回忆说：70年前她嫁到谢王村，那一年的冬天好冷，到神井挑水的人好多。天刚蒙蒙亮，十字路、永兴一带来挑水的村民已在井边上排起长龙。有的村庄走一个来回要两个小时，加上排队等待，即使趁早贪黑，一天最多只能挑三担水。没有打机井之前，神井是 2 区 3 镇 47 个村庄近 2 万名村民干渴的活命井。

谢王村的王位军是一个转业军人，他说，不管多少人来挑水，都挑不完神井泉水。他记得 1973 年部队拉练，2 万多人驻扎在神井附近，单他们村就支起了 16 口大铁锅煮开水拥军。虽然一下子增加这么多人，但神井泉流如涌，用水并不紧张。

时年 80 岁的周月英老人说，20 世纪 60 年代修建松涛水库二级渠道，集聚周边的民工吃用的都是神井泉水。

谢王村的村民对修建松涛水库二级渠道的往事记忆犹新。当年，东谭工地渠道一下子集结 2 万多修渠大军，吃水、用水，全靠这口神井。当时，井道还没有到达井底，人们只好在 120 级台阶处用绳子系小桶轮流打水，结果有几个小桶掉入井中，民工请涌潭村的蔡姓青年下井打捞，不幸遇难。这么一来，解决吃水困难和打捞尸体顿时成了一个大问题。

为了保证民工和村民生活用水，周边村庄和水利民工一律实行限量供水，由部队派出运水车，专人专车，不停拉水，保证供给。为了打捞尸体，海南军区调用了两部大功率的抽水机，开足马力，日夜抽水。抽了 20 多天，抽得水流遍地，可是水位一点都不下降。一个月过去了，遇难者尸体浮出水面，由于井水低温，尸体颜色不变，就像刚刚去世一样。

2006 年夏天，神井水位略有降低。当年，19 岁的卜创村村民吴坤任做了一个奇怪的梦，他梦见"六神"中的定边公告诉他，说井下有洞，洞里有宝，让他可以下井去找。吴坤任半信半疑，偷偷下井，果然看到井壁上有一个洞，便钻了进去，从里面捡到 6 个瓷碗。

继吴坤任之后，又有一个

古井古碗

青年下井寻宝，捡到了 1 个瓷盘。谢王村的王位泽得知这一消息，便准备好充电手电筒和对讲机，钻进井底地洞。时令正是 8 月，那是海南天气最热的季节。可是，进洞没多远，宝藏没找到，只觉得冷气嗖嗖，冻得发抖，只好怏怏而出。

这就是神井，故事传奇，天赐甘泉，泉流不息，取之不尽，用之不竭。神井周边是坚硬的花岗岩，地下

珠崖神井

泉水从花岗岩裂缝之中喷涌而出，是地球母亲对遵谭人民的恩赐。由于地下泉水常年保持相对稳定的水压，所以神井常年保持相对标高的水位，这就是"神井"之"神"。

神井的神奇，在于水质。探访神井，谈起当年吃水、用水危机，时年 104 岁的老寿星王金花非常感慨。嫁到谢王村，渴了就舀神井泉水喝，她说喝别处的水，不是滋味。老寿星说神井泉水清凉止渴，甘甜可口，常年饮用，无病无灾，身和体泰。老人说不出什么饮水科学的大道理，但她期颐之年头脑清醒，手脚灵活，生活自理，或为一证。

　　老人的媳妇周月英说，婆婆爱干净，101岁生日时，看到地上有菠萝蜜皮，弯腰去捡，不料跌了一跤，一连7天，左手腕骨肿痛不消，孙子带她到医院拍片，才知道是骨折。百岁老人遭此厄运，家人甚为担忧，恐怕这场灾难，老人很难挨过。可是，经过40多天的精心治疗，老人奇迹般康复，又挂着拐杖舀水自饮。也许，神井泉水就是疗伤祛疾的"圣水"。

　　神井之神，在于神泉。老寿星的小叔子王定新也是寿星，年逾百岁的他，也有舀起井水就喝的习惯——这也是神井周边村民的生活习惯，是特定环境、特定地域、特定群体的生活习惯。笔者写下这段文字，并不是提倡推广这种生活习惯，只是如实记下这特定环境、特定地域、特定群体的生活真实，记下神井神泉，记下一方水土养一方人的生活场景。

　　有意思的是，谢王村后的山上还有一口"藏井"。那是一口名副其实的井，它"躲藏"在树林里，若不是村民带路，根本无法发现。藏井离神井不过一箭之地，而且水位比神井要高很多，在别的水井干枯之时，藏井还保持着相当的水量，这也算是一个"神井"。

　　也许是沾带神奇灵气，珠崖郡治周边多奇井。离谢王村不远的儒和村有丹发井，虽然号称"广东第一深井"（海南未建省之前已有此称），但并不敢称为"神井"。还有，那口流淌着遵谭女儿血泪的美立丹井。因为井，因为水，因为父母之命媒妁之言，先后有12个女子跳进美立丹井。

　　水是生命之泉，水滋养历史，点化自然；因为水激发人的热情，催引哲人哲思，赐予人类物质和精神双重恩泽，故古人在感激之余，发出了"上善若水"的慨叹。也许，这是天赐神井解救大军的本义。也许，这是珠崖立郡、国家统一、民族团结的神圣意愿。

古村古韵翰墨香

海口是历史文化名城，海南四大文化古村有三个就在海口。其中，位于府城的金花村与攀丹村早已湮没在高楼林立的街市之中，只有龙华区新坡镇的文山村依然存留文化古村的人文遗韵。文山村，还有梁沙古村，仍然翰墨飘香，仍在展现历史古村的文化风采。

古村文山

文山，古称员山，也叫员山里，是琼州近郊的一个小山村。这个村子始建于宋末，历元至明，以"科甲联芳"闻名全岛，为文人达士所称道，是海南四大文化古村之一。

据《周氏族谱》记载：员山村周氏迁琼始祖周秀梅是南宋高宗时翰林学士。周氏于南宋绍熙五年（1194 年）携家人避祸渡琼，落籍琼山遵都（今遵谭镇秀梅坊）。到了第四世，人丁繁衍，族众渐多，周絜为子孙后代着想，觅地迁居，立村员山，是为员山入村先祖。

周絜秉承古训，耕读传家，学有所成，于理宗宝祐元年（1253 年）考中举人。其时，元兵南下，时局动荡，周槊再也无心科举，便潜心研习周易，尤其精通堪舆。堪，乃天道；舆，乃地道。周槊上知天文，下识地理，特意挑选这方山水安身立命，并取名"员山"。

这处村落今属海口市龙华区新坡镇，那里离镇政府所在地仅6千米，距海口市区不过三十几千米，交通便利，山环水抱，人文鼎盛，古韵悠悠，环境清丽，令人陶醉。

然而，周氏先祖为什么取村名为"员山"？后人为何又改村名为"文山"？

员山，明清时属琼山东洋一图，明代进士林士元也是琼山东洋一图人。林士元是周家女婿，他在《员山里记》中这样说："郡之南百里许，有里员山，地形势如布棋，如运规，屈曲盘旋，故曰'员山'。或曰'其山多猿，故取以为名'，非也。"

原来，员山的得名是因为"地形势如布棋，如运规，屈曲盘旋"。林士元对员山做了形象描述。"员"是俯视鼎口，而"鼎"是显贵、显赫、盛大的意思，古时大臣称鼎臣，豪门望族称鼎族，特别有才能者称鼎能，科考殿试名列前茅称鼎甲……

海南四大文化古村之一——文山村

员山前塘后岭，坐山面水，竹木森森，势如鼎圆……取名员山，意在冀望家居吉祥、家世鼎盛、高门鼎贵、子孙发达。由此可见，周渠选址，用心良苦，寓意深刻。员山村是风水宝地。用哲学观点评价古代风水学，不难发现其间客观、科学、合理的蕴涵。

风水学实质上是优境学。所谓"山环水抱必有大发者"，说的是利用生态学、物理学、地理学、心理学、美学等多门学科的研究方法和研究成果，有选择、有目的地提高人类居住环境的一种依据。从这个意义上讲，风水学实则是提高人类居住环境的科学。

古村员山，"形势高爽，向背合局。远而望之，隐隐然陂陀。自金牛山下，略大江而止。金鸡贵人，排衙列旌。文笔峰掩映指顾间。俯而视焉，萦洄盘绕，中有巨塘，长广百亩，杂以荷花，鱼虾不可胜食。塘之外为石麓坡，起西转东，迄南直北，二里许，稍内屈而止……"（林士元《员山里记》）。

优良的自然地理，独特的人文环境，良好的风水宝地，这既是上苍恩赐，也是员山先人能动地认识环境，利用环境，改造环境的努力结果。这种人与自然的和谐，使员山村的父老乡亲长期处在一个愉快、恬静、温馨的氛围之中，使机体和生理保持最佳状况。

于是，"读书策仕"，自强不息的奋进意识，使偏僻山村出现了"父子翰林院，兄弟进士科"的文化现象。于是，课子读书，"学而优则仕"的儒家思想，使一个普通的山村出现"族大繁衍，科甲联芳，仕宦不绝"的人文场景。员山之名，遐迩闻名，光辉耀目。

《员山里记》："嘉靖初，抚军谈公巡行方岳……里中士大夫冠盖相见者不下十百。公曰：'此何地耶？人文若此其楚楚耶？'称赞久之。究其始终，乃云一族兄弟团居于此。不禁鼓掌大笑曰：'吾巡视多矣，未有若员之文士接踵，官员济济如此里也者。'而员山之名遂相传至今。"

员山，人才济济，可概括为"一仙人，二夫人，三进士，十五举人，五十八贡生"。有这么多英才俊杰，真无愧为文化古村。奖掖前贤、激励后学，村中先后设立进士坊、折桂坊、登云坊、毓秀坊、登科坊、登俊坊、文魁坊、光裕坊、礼魁坊等十几座牌坊。

文山周氏宗祠

牌坊是员山村的文化财富，还有自然景观，环境财富。员山女婿王弘诲有五言绝句《员山八景》："绿水环龙""横桥渡马""竹松笼月""楼阁丛云""塘尾甘泉""岸头娇柳""莲塘渔唱""石岭樵歌"。后人又谱写"村成莲花""水环玉带""仙洞聚奇"等新八景。

岁月流逝，古村发生了较大变化，但"长桥卧波""水环径通"，依然景色入画。员山是自然的员山、人文的员山、历史的员山，是生态品位和人文品位极高的文化古村。可惜，后人改名为"文山"。这不仅改写了历史、地理，而且违背了先祖扎根员山的初衷。

为什么要改为文山呢？据介绍，自巡抚谈公盛赞员山人文楚楚之后便改为文山，好像改名是因为巡抚巡视和称赞的缘故。然而，从林士元的《员山里记》得知，巡抚并没有提出改员山为文山的意见，倒是因为他的巡视和称赞，使员山之名"相传至今"。可以肯定，改员山为文山绝不是巡抚巡视和称赞的缘故，而且这"之后"至少是300年后。

这从曾映松的《咏员山里诗》得到印证。诗曰："员山八景旧知名，振策来游次第呈。胜地古今余气旺，斯文先后树风声。千家厨灶浮烟翠，四面寒光照眼明。何用别寻仙岛去，人间亦自有蓬瀛。"曾映松是道光年间（1821—1850年）岁贡生，其时还未改名。

事实证明，改员山为文山与巡抚谈公毫不相关。作为文化古村，员山十二世周宾于明弘治三年（1490年）中进士，十三世周宗本、周世昭分别于正德九年（1514年）、嘉靖十四年（1535年）登进士榜。尔后，虽有多人中举，但最后一位也是在清雍正三年（1725年）。村史告诉后人，清末员山文气逐渐式微，改为文山之后，再也没有出现科举夺魁之士。

文化传承、家族繁衍是艰难的，需要多方面的文化合力。当然，进士、举人的多少是衡量文化古村的一个重要标准，但并非唯一标准。而且能否科举夺魁，原因相当复杂。其实，一个村名的文化光芒难以遮掩，其蕴含深邃，影响深远，草率更改，实在鲁莽。

《员山里记》说："邑宰朱公尝见临而盛称曰：'小吉安汝南周氏，自四世祖宋进士榘公开基于此……'《郡志》云：'地虽小而巧，水环径通，周氏居之……'"史志记载的是员山历史而不是文山历史，或者说是文山的前身员山的历史。改村名容易，但改不了史志。

文化是脆弱的，文化发展是艰难的，尤其是偏僻山村的文化发展更为艰难。从宋到元至明，历经三个朝代十余世，员山里名扬琼州，载入郡志，记入史册，山村的名字同时也是山村的文化史。然而，山村已改为文山，人们早已熟悉了新村名，甚至已经忘记了员山。

不管是员山还是文山，都同是那块土地。村名已经改了，员山的过去已成为今日文山的历史，但历史古村的文化韵味是改不了的，文化浸润是根深蒂固的。今日文山，历史古韵已融入现代乡村，已成为生态文明村，村民生活幸福，这是入村先祖周榘始所未料的。

古村梁沙

谈起古村梁沙，梁氏兄弟感到值得骄傲与自豪。梁沙环境优美，物产丰饶，人文荟萃。梁沙先贤梁云龙这样描绘家乡："是村也，田野铺锦，山坡叠翠，绿水回环，芰荷飘香；是村也，兆英贤绵，科第蝉联，仕宦秩裕，忠良接踵，流辉联辂，济美于不已焉！"

梁云龙的话，并不是"谁不说俺家乡美"的世俗溢誉，而是情真意切的田园赞歌。

新坡镇梁沙村碑

为深入了解文化古村，笔者得龙华区新坡镇文化站长的陪同，专程探访梁沙。

从镇政府出发，沿墟镇小街往北走，在丁字街路口看到一块巨石方碑，临街两面镌刻的描红大字赫然入目："海南梁氏根基——梁沙村，宋开宝四年（971 年）颖籍"。这比琼山府城成为州治还早一年。徘徊村道，环顾四周，刻有"冼夫人庙故址所在地——梁云龙始建于万历三十年（1602 年）"字样的石碑映入眼帘。文化气息，扑面而来，古村风貌，先声夺人。

海南梁氏始祖是谁？1000 多年前为何在此卜居？冼夫人庙故址为何会在梁沙？

梁沙是梁姓聚族而居的大村，全村 800 多户，2000 多人。《海南梁氏族谱》记载："梁肱，宋初登进士，任金紫光禄大夫，谪琼崖郡守。初其州在梁陈水东，今有基迹，号曰旧州。肱爱苍好田地，因就居焉。"梁氏族谱始修于明宣德四年（1429 年），由梁氏第十七代孙梁玉修序，其时距梁肱知琼崖、籍梁沙 458 年。梁肱坟茔距梁沙不远，所言具有史料价值。

《海南梁氏族谱》重修于明万历庚寅年（1590 年），由梁氏二十二代孙梁云龙修序。梁云龙在序文中说："（肱）初任琼崖守。琼旧州，在梁陈水东，麻钗山西南，梁所置也。郡志所谓琼崖岭下，有古珠崖郡址是也。"梁肱身为郡守，择址立村，自然优中择优。

梁云龙说"梁所置"的"梁"，是指南北朝时期的梁朝（502—557 年）。梁云龙说的"郡志所谓琼崖岭下，有古珠崖郡址是也"中的"郡志"乃唐胄所撰《正德琼台志》，也就是海南文史界近年考证"汉珠崖郡治遗址"所引用的"郡志"。梁云龙与唐胄生活的年代接近，他所说"肱爱郡旁山清水秀，遂与五子卜居焉"是可信的，即梁沙村临近梁氏言称郡志所云的"古珠崖郡址"。

这里说的是否为"汉珠崖郡治遗址"？

查海南史志，古珠崖郡有 7 处之多，其中"隋大业六年（610 年）置，治所在舍城县"，与梁云龙对先祖梁肱卜居梁沙村的记述相符合。这一句话，说的是唐胄《正德琼台志》记载里"珠崖郡，汉置，在县东南东潭都石陵村，址存"的"珠崖郡"。

至于汉珠崖郡治在何处，本文并不会深入考证并做出结论。2000 多年过去，荒村野径，郡治湮灭，不知所之。今人引经据典，众说纷纭，莫衷一是。梁云龙说"郡志所谓琼崖岭下，有古珠崖郡址是也"，如云开见日，解疑释难。显然，这古珠崖郡址并非汉珠崖郡。

暂时找不到答案，并不遗憾，继而观之，在路旁塘边看到残存的"世家进士"石牌匾，上面依稀可以看清"万历十七年（1589 年）仲秋望吉，钦差巡按御史蔡梦说、琼州府知府周希贤、琼山县知县吴邦俊为万历甲戌科进士梁必强、万历癸未科进士梁云龙立"的落款。

牌匾旁有水井，入口处有"霖雨泉"石碑；"霖雨"是云龙名号，石碑镌有"明嘉靖十七年季春梁云龙鎏建"的文字。井后还有"冼太夫人庙遗址"石碑，可知该庙在清嘉庆辛未至壬申年间迁址多源龙盘地（今冼夫人纪念馆地址）。看来，梁氏对家乡建树颇多。

梁云龙和梁必强是梁氏子孙引以为豪的榜样。必强比云龙小 3 岁，是与族兄一起"背水而战"的同窗，他们出身于梁沙村穷苦家庭。明隆庆元年（1567年），梁必强中举，比云龙晚 3 年。明万历二年（1574 年），梁必强考中孙继皋榜进士，比梁云龙早 9 年。

背水之战，必强胜出，弟比兄强，这对琼州学子激励极大。这一年，必强轻车简从，赴福建泉州晋江就县尹兼考校案员。上任伊始，晋江士子知必强来自"蛮荒之地"，瞧不起他。可是，新知县、新督考改革考务，实施"晋江考才法"，不得不令晋江士子刮目相看。

一次科考，必强挂出一个"也"字，并开宗明义，强调依题作文，按时交卷。这是晋江士子见所未见、闻所未闻的考题。公开考试，考生慌张，可谓"当局者迷，旁观者清"。场外有人讥笑："天下之大也！竟然有这等愚笨的考生。"正是一言中的，考生茅塞顿开。

有一次阅卷，必强圈点考生蔡梦说，与主考官文宗意见相左。必强为国选才，心无私念，坚持己见，以官位作保，蔡梦说得以录取。类似考生经必强拔擢大都荣登乡榜，晋江父老对此佩服，连主考官文宗也为梁必强的才具所折服，赞其任事称职，胆识过人。

任职晋江，必强培养了大量人才，还改革商粟财务记账法，所发明的原、人、合、支、存等五项新法记账法轰动泉州，声名远扬，其政绩载于《泉州府志》。万历二十一年（1593年），必强升礼部观政，百姓挥泪送别。万历三十四年（1606年），必强告老还乡。

后来，蔡梦说官声卓著，升任钦差巡按御史，亲临梁沙，探望恩师，与琼州府知府周希贤、琼山县知县吴邦俊，为恩师和云龙立"世家进士"牌坊。梁

新坡镇梁沙村

必强与之同登东山，架通直达华封岩绝顶的"渡仙桥"，并题"东山耸翠"四字和赋《层峦耸翠》七律二首。

任职晋江，主考官文宗为梁必强题赠"天下才子让晋江，晋江才子让必强"的匾额，使琼州古村美名远扬，海外士子扬眉吐气。几百年来，人们一直传颂梁沙"世家进士"的传奇故事。从梁肱宋代立村至今，梁氏子孙已繁衍了四十多代，登进士者有 4 人，贡生、廪生、庠生近百人，文化古村，英贤辈出，如今依然古韵悠悠，文气沛然，令人瞩目。

今日梁沙，已荣登海南生态文明村排行榜。也只有今日，梁沙古村的生态美与人文美才如此出类拔萃，大放异彩。到梁沙走一回，感受历史名贤梁云龙、梁必强所遗留下的旷世文韵，感受文化龙华的人文风貌，你会真切感受到这方人文圣地非同凡响的文化魅力。

八百年古村涌潭

　　龙华区的遵谭、新坡、龙泉、龙桥四镇位于羊山腹地，处在新开的绕城高速公路的扇形经济带之上。这片土地从表面看是海口的城郊地区，但实际上是海口的水源涵养区、生态敏感区、林木保育区和自然保护区，是城市的绿色屏障，是海口可持续发展的环境财富。

　　这片土地上的众多文化古村，蕴藏稀有的文化瑰宝。就以有 800 年历史的古村涌潭村来说，涌潭始建于北宋末年，是一个人文蔚起、底蕴深厚的文化古村。漫长的科举时代，该村先后有 13 人中举，1 人中进士。典籍记载，全村有牌坊 18 座，现尚残存牌坊近 10 座。

　　这些残存的历朝历代牌坊，包括当年已经竖于村道旁边，"文化大革命"时期为了躲避历史风雨、保护古村文物，村民主动拆下，将其部件弃置于村口的大榕树底下的。

　　如今，那些弃置于村道旁的牌坊仍基本保留完好。此外，村口大榕树下还有残存的一些已建造完工，但尚未来得及竖起的历史牌坊。现按牌坊类别及建造年代先后，分列于下：

　　云龙坊——明成化四年（1468 年）为戊子科举人蔡嵩明所立的牌坊。

　　文瑞坊——明成化十年（1474 年）为甲午科举人蔡齐宸所立的牌坊。

亚魁坊——明正德二年（1507 年）为丁卯科举人蔡秉乾所立的牌坊。

青云万里坊——明正德五年（1510 年）为庚午科举人蔡仕诸立的牌坊。

步月坊——明正德五年（1510 年）为庚午科举人蔡伯祥所设立的牌坊。

举人坊——明嘉靖十三年（1534 年）为甲午科举人蔡廷相建造的牌坊。

举人坊——明万历十九年（1591 年）为辛卯科举人蔡时行建造的牌坊。

举人坊——明崇祯三年（1630 年）为庚午科举人蔡一易所建造的牌坊。

天子门生坊——明崇祯九年（1636 年）为丙子科进士蔡一德立的牌坊。

举人坊——清道光八年（1828 年）为戊子科举人蔡藩所建造的牌坊。

贡生坊——清道光十一年（1831 年）为辛卯科恩赐副科蔡国谟立的牌坊。

贡生坊——清道光二十六年（1846 年）为丙午科钦赐副魁蔡显谟立的牌坊。

举人坊——清同治九年（1870 年）为庚午科举人蔡藩所建造的牌坊。

贡生坊——清同治十二年（1873 年）为癸酉科副榜蔡荣春立的牌坊。

节孝坊——清道光十三年（1833 年）为蔡励妻、永栗母所立的牌坊。

节孝坊——清道光十三年（1833 年）为蔡江妻、正心母所立的牌坊。

贞寿坊——清咸丰三年（1853 年）为蔡子荷妻、十朋母所立的牌坊。

熙朝人瑞坊——仅存牌坊横梁，上面"熙朝人瑞"四个大字比较清晰，其他小字隐约可辨。如今，熙朝人瑞坊已依原样修复，挺立路旁，供人观瞻。这座牌坊所传递的是这样一个历史信息：康熙年间（1662—1722 年），涌潭村有百岁老人，是长寿之乡。

涌潭村"熙朝人瑞"牌坊横梁

牌坊是特定时期的人文建筑。每座牌坊都是一本历史传记，都是一件哲学雕塑，都是一件艺术作品。不同牌坊有不同的历史特色、哲学特点和艺术风

涌潭村青云万里坊

格，保留它就是保留地方历史文化；了解它就是了解地方历史文化；剖析它就是剖析地方历史文化。

保留、了解和剖析，都是地方文化建设的积极行动，都是文化名城保护的积极措施，是不负于古人、有益于当今，无愧于先哲、有益于后辈的文化自觉和文化责任。

海府地区到底有多少牌坊？郡史、府志、县志、族谱、家乘记载的相当多，但除了现存的"粤东正气""理学名臣""琼台福地"等几座著名牌坊之外，其余能开列名字的并不多。

文化古村涌潭是了不起的，居然有18座之多。文化城区龙华是了不起的，据不完全统计，仅遵谭、新坡这两个镇就有39座。其中，进士牌坊就有9座，举人牌坊（包括贡生牌坊）有24座，节孝坊、人瑞坊有6座。此外，还有10多块进士匾（包括恩进士匾）。

"熙朝人瑞"为寿星所立，涌潭是长寿之乡，坊间流传长寿传奇。《龙文鞭影》载：宋太平兴国年间（967—984 年），李守忠奉命出使琼州，看到杨避举的父辈 120 多岁，祖父宋卿时年 195 岁。此外，他还看到杨家梁上吊着一个篮子，篮中有一个老人往下看。杨避举祖父宋卿说："此吾前代祖也，不语不食，不知其年，朔望取下，子孙列拜而已。"

龙华是长寿之乡，遵谭有百岁老人 8 名，龙泉也有百岁老人 8 名，这是两三万人所占百岁老人的比例。此外，涌潭还是文化教育名村。入村始祖蔡成公，就是当年致仕之后应聘当塾师而落籍涌潭，是为蔡氏入琼始祖。宋代，海南的一所乡办学校就设立在涌潭。

因为教育发展，涌潭村口的"五里三进士"官道遐迩闻名。这条从遵谭镇东谭村委会涌潭村到新坡镇仁里村委会卜宅村的短短的五里之路，有一条铺设齐整的石头古道（今仅存涌潭村段），当地人称之为"五里官道"。

这条官道修建于明代万历末年（1601—1620 年），古路宽大约一庹，全用石板铺设，路面平坦，路基厚实，时隔 400 多年之后，仍保持相对完好。可想而知，当年官道建成，那场景是何等壮观，受益村民是何等荣耀。乃至到了今天，仍为前来旅游的人所津津乐道。

这条官道始于涌潭（与坊门村相连），经过云庵村，终于卜宅村。官道贯通三村，得益最大的也是这三个村的百姓，周边乡亲对此非常羡慕。为什么唯独在这三个村的五里之地修这条官道呢？原因是这三五里地出了三名进士，这在偏僻的山村是极为罕见的。为此，人们把这条建于特殊历史年代的山村石道和这种值得称道的人文现象统称为"五里三进士"。

远在明代，这三个古村都在琼山县仁政乡，涌潭村（含坊门村）属于梁陈都，云庵村和卜宅村属宅念都。2003 年区划调整之后，坊门村归龙华区遵谭镇东谭村委会，云庵村和卜宅村则属龙华区新坡镇仁里村委会。不管现在或者以后行政区划怎么变，这条横贯三村的"五里三进士"的古道是不会改变的，它将长留于天地之间，长留于当地村民的心里。

让我们把视点投向三个古村，追溯已经流逝的历史。那是明景泰五年（1454 年），云庵村的林杰中甲戌科进士三甲 107 名；过了 60 年，即正德九年（1514 年），卜宅村的曾鹏中甲戌科进士三甲 196 名；再过 87 年，即万历二十九年（1601 年），坊门村的何其义中辛丑科进士三甲 128 名。也就是说，147年的时间，这五里之地就诞生了三名进士。

在这荒凉偏僻的山村诞生三名进士，就像黑暗的夜空顿时升起了三颗明亮的星星，那可是郡县历史上破天荒的一件大事。为表彰三名进士的旷世功名，乡绅商议，奖掖前贤、激励后学，最好的方式是捐资修路，修一条贯通三个村的石板路，以为永久之纪念。

用修路的方式奖励前贤、鞭策后学，这是一种最朴实的方法。封建科举制度的选才方式是学而优则仕，地方乡绅鼓励子弟奋发向上的激励方式是学而优则奖。学而优则奖，既造福桑梓，又扬名后世，这是一种积极的社会效应；学而优则仕，既报效国家，也光宗耀祖，这是一种政治效应。而今日人们把这归结于涌潭，是因为这五里官道始于涌潭村。

不管是前一种效应还是后一种效应，人们都乐意接受。但是，相比之下，前一种效应更接近百姓，更彰显荣誉，所以跨越时空，传颂几百年。显而易见，造福桑梓而扬名后世，这种效应将更为长久。也许因为如此，"五里三进士"至今仍被当地百姓传为美谈。

人们所谈的不仅仅是五里官道，更重要的是文化古道，是人杰地灵，是三名不同年代的乡贤。因为如此，才有这条传颂至今的官道。那么，到底是什么原因使仁政乡人才辈出，步月攀桂，独占鳌头呢？原因很简单，主要是耕读传家思想，是重视对子弟的教育。

早在宋代，遵谭、新坡一带就成了周氏、蔡氏、何氏、林氏、曾氏、郑氏等各姓过琼始祖卜宅、迁居的首选之地。也远在宋代，乡人就在遵都建起了仁政乡校。那是宋代两所乡校中的一所，除了府城之外，另一所就在涌潭。

为什么遵都父老如此重视教育呢？

因为遵都一带的过琼始祖大多是儒官，比如涌潭村的入琼始祖蔡成就是文化官员，致仕后又从事乡校教育。因为薪火相传，言传身教，所以科甲蝉联自然就在意料之中。又以云庵村的林杰来说，他也是文化官员的后代，是因为家庭文化教育使之出类拔萃。

《林氏家谱》记载：其始祖林元龙"接迹琼土，移入云庵；世昌自五，仕宦名流"。家谱记载，自宋及元，第五世林拔尤首开科第，官居教谕，到明代第十世，遝迤繁衍，科甲愈彰。自明至清，人文蔚起……总之，家学渊源对子弟的影响无疑具有促进作用。

以坊门村的何其义来说，其始祖何兴系南宋进士，授朝议大夫。《琼山县志》载：南宋理宗年间（1225—1264年），何兴遭谮谪琼，任雷琼副使，任满落籍琼山，居叠里坊门村，后定居仁何村。何兴的次子何一鹏，理宗宝祐元年（1253年）中进士，曾任四川参政，任满致仕，返琼居叠里坊门村。现在，坊门村虽然已没有何氏后人居住，但历史记载，宋代坊门何氏一门二进士，再加上明代何其义，坊门何氏，一门三杰，那可是很了不起的。

以卜宅村曾鹏来说，《曾氏族谱》记有始祖曾潩哲建籍琼山定居卜宅的原因。潩哲于北宋熙宁年间（1068—1077年）来琼，儋州通判任满，归至郁林，中原鼎沸，未遂首丘之愿，退处海外……为谋生计，潩哲"偶教读于儒蕃郑解员家，见此地异焉，因与东家买居之，遂以卜宅为名村"。潩哲的第八代孙曾英是明正统九年（1444年）甲子科举人，曾英的儿子曾鹏，考中进士，父子贤能，这在当年无论是曾氏家族还是周边村庄，影响巨大。

《琼山县志》记载：宅念都还有两名进士，其一是南宋理宗年间进士郑美器，曾任南宋军儒学教导；其二是郑真辅，系南宋咸淳七年（1271年）进士。郑真辅还是辛未科张镇孙榜新进中最年少的俊秀，是该榜两名探花郎之一。郑美器、郑真辅是海南六对父子进士中的一对。据记载，郑美器的父亲郑志灏是南宋庆元三年（1197年）进士，如果把异地得中也列在其中，那么，与何氏一样，郑氏也是"一门三杰"。

行文至此，粗略算来，宋明两代，五里之地已历数进士8名。但还不止此数，还不包括与坊门村紧挨着的涌潭庄蔡一德。《蔡氏族谱》记载：蔡一德是崇祯九年（1636年）丙子科进士。这比《琼山县志》所记早了6年。也就是说，从宋代至明代，这短短五里之地，竟然出了9名进士，换一种表述方式，那就是地灵人杰。

以上列举，五里三进士也好，五里九进士也罢，所框定的只是一个很小的范围，如果扩而大之，离坊门村不到一里之地的宾贤村也是进士之庄。再扩而大之，十里范围之内，那就更多了。然而，更多的是举人。以涌潭庄来说，竟有 13 名举人，坊门村除了何其义外还有其弟何质义，兄弟中举，显耀一时。至于云庵村、卜宅村，当然还有不少。所以，"五里官道"实则就是历史文化古道，而周边的村庄实则是历史文化古村。

天下道路万千条，万千条路万万千千里长，但这短短"五里官道"却具有非凡的人文价值。人们对"五里三进士"津津乐道，实际上是对文化古村、文化名人津津乐道，是对振兴文化、教育子孙津津乐道。"五里三进士"的历史讲了几百年，今天，文化古村在龙华大地已闪耀出了新时代的文化光芒，文化古道正向社会主义新农村的康庄大道延伸……

龙华牌坊何其多

　　牌坊，是中国特色的建筑文化之一，是封建社会为表彰功勋、科第、德政以及忠孝节义所设立的独特建筑。作为特定时期的特定建筑，有人认为牌坊是凝固的音乐，是以特定人物为对象谱写的文化乐章。形形色色的牌坊，树起了特定时期的人文标杆。

　　龙华，是牌坊聚集区。每座牌坊都是一本历史传记，它从不同侧面记录了特定时期、特定人物对特定对象、特定事件的特殊情感。每座牌坊都是一件哲学雕塑，它从社会学、民族学的文化视角，树立起不同历史时期的哲学标高。每座牌坊都是一件艺术作品，它以美学和建筑学为文化构架，彰显特定时代、所在地区的美学视点和建筑风格。

　　不同历史时期的牌坊有不同的历史特色、哲学特点和艺术风格，保留它，就是保留地方历史文化；了解它，就是了解地方历史文化；剖析它，就是剖析地方历史文化。而保留、了解和剖析，都是地方文化建设的一大建树，都是历史文化名城保护的一项重要措施，是不负于古人、有益于当今，无愧于先哲、有益于后辈的文化自觉和文化责任。

　　作为历史文化名城，海府地区到底有多少牌坊，很难说出一个准确的数字。有人说有几十座，有人说有上百座。历代志书记载，有数百座之多。但是，人们能一一点数的，除了"粤东正气""理学名臣""琼台福地"等几座

榕树底下石柱多

牌坊之外，其余能开列名字者并不多。

岁月流逝，沧海桑田，纵使坚硬如牌坊者，也经不起历史风雨的摧残，文化的脆弱也反映了文化的无奈。数百座牌坊，所存留的就那寥寥几座吗？行走龙华区遵谭、新坡等镇，对这些地区的牌坊做详细考证与认真登记，几十份资料特别是图片资料证明，远离郡城的遵谭、新坡等地肃立于荒野、弃置于村边、记载于族谱的牌坊就多达几十座。

"文化荒郊"尚且有如此多的历史牌坊，历史文化名城蕴藏的当然更多。

历史的标点一路不停地标点下去，到了今天，文化名城绝不能对具有非凡人文价值的不同历史时期的文化牌坊匆匆地画上句号。基于这一理念，笔者特将在龙华区做田野调查所获取的有关牌坊的文化资料附录于下，为有志于历史文化名城研究者提供参考。

遵谭镇东谭村委会涌潭庄始建于北宋末年，是一个人文蔚起、底蕴深厚的文化古村。在漫长的科举时代，该村先后有13人中举，1人中进士。典籍记载，全村有牌坊18座，现尚残存牌坊近10座。这些残存牌坊，包括当年已经竖于村道旁边，为了躲避历史风雨、保护古村文物，村民主动拆下，把部件弃置于村口大榕树底下的。

如今，那些牌坊仍基本保留完好。此外，村口大榕树下还有残存的一些已建造完工，但尚未来得及竖起的历史牌坊。现按牌坊类别以及建造年代先后，分列于下：

　　云龙坊——明成化四年（1468 年）为戊子科举人蔡嵩明所立的牌坊。

　　文瑞坊——明成化十年（1474 年）为甲午科举人蔡齐宸所立的牌坊。

　　亚魁坊——明正德二年（1507 年）为丁卯科举人蔡秉乾所立的牌坊。

　　青云万里坊——明正德五年（1510 年）为庚午科举人蔡仕诸立的牌坊。

　　步月坊——明正德五年（1510 年）为庚午科举人蔡伯祥所设立的牌坊。

　　举人坊——明嘉靖十三年（1534 年）为甲午科举人蔡廷相建造的牌坊。

　　举人坊——明万历十九年（1591 年）为辛卯科举人蔡时行建造的牌坊。

　　举人坊——明崇祯三年（1630 年）为庚午科举人蔡一易所建造的牌坊。

　　天子门生坊——明崇祯九年（1636 年）为丙子科进士蔡一德立的牌坊［另据《琼山县志》，蔡一德为崇祯十五年（1642 年）壬午科进士，比《蔡氏族谱》所记晚了 6 年］。

　　举人坊——清道光八年（1828 年）为戊子科举人蔡藩所建造的牌坊。

　　贡生坊——清道光十一年（1831 年）为辛卯科恩赐副科蔡国谟立的牌坊。

　　贡生坊——清道光二十六年（1846 年）为丙午科钦赐副魁蔡显谟立的牌坊。

　　举人坊——清同治九年（1870 年）为庚午科举人蔡藩所建造的牌坊。

　　贡生坊——清同治十二年（1873 年）为癸酉科副榜蔡荣春立的牌坊。

　　节孝坊——清道光十三年（1833 年）为蔡励妻、永粟母所立的牌坊。

　　节孝坊——清道光十三年（1833 年）为蔡江妻、正心母所立的牌坊。

　　贞寿坊——清咸丰三年（1853 年）为蔡子荷妻、十朋母所立的

文瑞坊局部

文瑞坊

牌坊。

熙朝人瑞坊——仅存牌坊横梁，上面"熙朝人瑞"四个大字比较清晰，其他小字隐约可辨。如今，熙朝人瑞坊已依原样修复，立于路旁，供人观瞻。这座牌坊所传递的是这样一个历史信息：康熙年间（1662—1722年），涌潭村有百岁老人，是长寿之乡。

新坡镇仁里村委会卜宅村于北宋熙宁年间（1068—1077年）立村，该村现存牌坊3座，其中2座保存完好，仍肃立村边，1座仅残存石柱及横梁等零星部件。

进士坊——明正德九年（1514年）为进士曾鹏所立，在应奎坊前面，已损毁。

应奎坊——明正统九年（1444年）为甲子科举人曾英所立牌坊，尚保存完好。

节孝坊——清雍正十三年（1735年）为"旌表诰曾奇文之妻吴氏"立的牌坊。

从涌潭庄到卜宅村有一条"五里三进士"的官道（"五里三进士"指的是从1454年至1601年特定时间内的说法，实际上这一时间段里应该是"五里七进士"。如果由此往上溯，包括郑志灏、郑美器、郑真辅、蔡一德，还有何兴、何一鹏，是"五里九进士"）。如今，这条石板铺设的官道靠近涌潭的那段仍相对完好。当年，所立的3座牌坊，除了卜宅村曾鹏的进士坊外，还有宅念村林杰的进士坊、梁陈村何其义的进士坊。林杰是景泰五年（1454年）甲戌科进士，何其义是万历二十九年（1601年）辛丑科进士。三进士坊均已损毁。

遵谭镇东谭村委会宾贤村的村口有一座"蜚英坊"，系成化二十一年（1485年）广东等处承宣布政使司左布政使、广东等处提刑按察司分巡海南道佥事、海南卫指挥佥事及琼山县知县、县丞、主簿、典史、教谕、训导等官员为广东癸卯科乡贡进士王濂所立。

新坡镇文山村始建于南宋末年，是海南四大文化古村之一。文山村有3名进士、13名举人，村中先后立有进士坊、折桂坊、登云坊等文化丰碑13座，素有"百年诗礼家声远，累代簪缨庆泽芬"之誉。现按牌坊类别及建造年代先后，分列于下：

进士坊——明弘治四年（1491年）为庚戌科进士周宾所立的牌坊。

进士坊——明正德十年（1515年）为甲戌科进士周宗本所立的牌坊。

进士坊——明嘉靖十五年（1536年）为丙申科进士周世昭所立牌坊。

折桂坊——明永乐七年（1409年）为戊子年举人周洁所立的牌坊。

登云坊——明成化二十三年（1487年）为举人周宾所立的牌坊。

毓秀坊——明正统十年（1445年）为甲子年举人周昇所立的牌坊。

登科坊——明成化二十三年（1487年）为丙午年举人周奇所立牌坊。

登俊坊——明正德十五年（1520年）为己卯年举人周仲良所立牌坊。

折桂坊——明正德三年（1508年）为丁卯年举人周宗本所立的牌坊。

光裕坊——明正德十年（1515年）为庚午年举人周著所立的牌坊。

文魁坊——明嘉靖十一年（1532年）为辛卯年举人周鸣皋所立牌坊。

文魁坊——明隆庆二年（1568年）为丁卯年举人周溥所立的牌坊。

礼魁坊——明万历十六年（1588年）为戊子年举人周尚宾所立牌坊。

新坡镇梁沙村有一座进士坊，为"世家进士"牌坊，是明代钦差巡按御史蔡梦说、琼州府知府周希贤、琼山县知县吴邦俊于万历十七年（1589年）为万历二年（1574年）甲戌科进士梁必强、万历十一年（1583年）癸未科进士梁云龙而立。

遵谭镇咸东村委会安久村前门有一座残存的"孝节坊"，牌坊的柱框架被拆下丢弃在大榕树下，残存基座及局部雕刻异常精致，弃于原址，很可惜其他细部无法看清。

据不完全统计，龙华区仅遵谭镇、新坡镇就有牌坊39座，其中，进士牌坊有9座，举人牌坊（包括贡生牌坊）有24座，节孝坊、人瑞坊有6座。此外，还有10多块进士匾（包括恩进士匾）。这么多的牌坊和匾额，所记载的是人文圣地曾经显耀的文化辉煌。

那些悬挂于祖祠、家庙、厅堂的红底金字牌匾，对后人来说无疑是一种无声的激励；还有那数不胜数的坊门，那是另一种艺术造型和建筑风格的乡土文化遗存。所有这些前人遗留下的人文建筑和历史文物，都是一份非常珍贵的精神财富，是一份值得发掘和继承的历史文化遗产。它们，不仅属于所在乡镇，属于文化龙华、文化海口，而且属于文化海南。

中山路古巷古庙

从边陲小镇到滨海新城，中山街区的形成到持续发展是一个重要的转折点。

海口的城市化进程不断加快，城市化程度不断提升，城市国际化水平不断提高，但不管城市变化多大，中山老街的老巷老宅，永远是城市的起点，永远是城市的视点。

中山街区是明代海口所城遗址的所在地，是滨城海口之所以成为海南中心城市的文化基石。2007 年 3 月，国务院批准公布海口作为国家历史文化名城，就是对中山街道骑楼街区和府城传统建筑历史文化街区的认可与批复。老街，老巷，老骑楼，那是海口城市文化的骨架。当人们深入了解骑楼街区的文化腹地老街古巷之后，更多的人会自觉更正对海口文化的历史认知，从而对老街老巷的人文历史重新认同并深刻领悟城市文明的原动力。

初步调查，中山街区历史文化遗存有 30 多处，其中不少具有极珍贵的文化价值。

比如，居仁里、人和坊、园内里、西门外四大社区，那幽深悠长的古巷，是海口老居民百年情感的归宿地。细数中山街区人文，最早的是元代兴建的天后宫。而明洪武二十八年（1395 年）海南卫修筑的海口所城，明隆庆年间（1567—1572 年）兴建的西天庙，那里保留着老海口的城市印记，是文明城市

马房村关圣庙

弥足珍贵的人文财富。

天后宫位于中山路，正对中山横巷，处于闹市包围之中，是滨城海口最早的建筑。《民国琼山县志》记载："天后宫，在海口所。元建，明洪武间（1368—1398年）累葺。商人谭海清等建后寝三间，筑观音山及塑诸神像。清朝雍正七年（1729年），监生陈国安、生员杨凤翔等募建大门三间。十二年（1734年），知县鲍启泌详准在海口关税内支担规银四两四钱办春秋二祭。乾隆十一年（1745年），陈国安复募建庙前铺屋十间，岁收租银以供香火。"

古老庙宇是滨海城市的历史记忆。天后宫所供的天后，亦称天妃、圣妃、天后圣母、天后元君、海神娘娘、妈祖、妈娘、妈姐、婆祖等等。天后是福建莆田湄洲人，生于宋太祖建隆元年（960年）。据说，她出生未哭，故取名"默"。太宗雍熙三年（986年）九月初九，林默抢救遇险船民罹难羽化升天，幻化为神。此后，出海人争相传告：狂风恶浪中常见林默现身导航，船只每每因此化险为夷。乡亲感其大德，立庙祭祀，称她为"通灵神女"。

这是海口两座天后宫中的一座。它是滨城的人文建筑，是海口的历史见证。它从一个侧面记录城市发展的人文历史，记录海口市民的文化信仰，记录城市的蓝色文明。

明代，倭寇猖獗，沿海百姓，岁无宁日。洪武二十七年（1394年），"都指挥花茂奏筑城防倭"。第二年，"安陆侯吴杰委千户崇实兴筑"，海口所城落成，成了琼州海防要塞。所城东北面临大海，城外筑石岸九十丈；城墙"周围五百五十五丈，高一丈七尺，阔一丈五尺，雉堞六百五十有三，窝铺十九，辟四门"，外设环城壕沟，由千户所驻兵防守。

起初，城内只有东西所街和南北所街，后来因贸易渐兴，发展成五条街。民国十三年（1924 年），海口筹备设市，拆除城墙，扩建街道。所城被拆毁了，城市街区只留下遗迹。

海口所城位于今中山街区：东门在今新民东路与大东路交叉口；西门在今新民西路和新华南路交叉处；南门在今博爱南路与文明路交叉口；北门在今博爱北路与大兴路交叉处。所城东北面临大海，石砌城墙大约九至十丈高，环城深挖沟渠（护城河），以便防守。

海口所城虽然消失了，但所城文明将永载史册，海口人民众志成城、团结御侮、保卫海疆的历史必将激励全体市民更加热爱滨海城市，坚定建设文明城市、美丽海口的决心。

西天庙，又叫西天大士庙，位于海口市龙华区义兴街 75 号，是明隆庆年间兴建的祭祀明朝琼州名贤王佐的祠庙。该庙屡毁屡建，现存西天庙系清朝建筑。

清光绪《琼州府志》记载："西天大士庙在海口所城西二里许，祀王佐。灵显海上，祈祷立应，故郡民虔祀之。"兴建以来，香火甚盛，香客不断。西天庙占地面积 0.12 公顷，建筑面积 755 平方米。坐南朝北，砖木结构，丁字单式斗拱。3 进 2 厢，中间有拜亭和天井相隔；头门石刻"西天庙"凸字横匾，出自清朝琼籍探花、著名书法家张岳崧手笔。室内画栋雕梁，工艺精致，斗拱之间、石壁之上有栩栩如生的历史故事木雕和绘画，如《三国志·三顾茅庐》等等。石柱及其趸座的浮雕玲珑剔透、刻工上乘，是海口不可多得的古代建筑，具有历史、艺术、科学研究价值。1985 年海口市人民政府公布西天庙为重点文物保护单位。

东西湖仍飘荡"海上丝绸之路"的历史烟雨。作为龙岐山余脉，隋唐时代的大英山曾是波涛汹涌的海岸，而东西湖是传说中五龙"腾云升天、掀浪入海"的万丈深渊。虽然，今日的东西湖已处于密集的高楼商厦的环抱之中，但面对市声喧嚣的大街，目睹车水马龙的繁华，依然不会改变它曾是"海上丝绸之路"避风、补给、中转的重要节点及海口内港的史实。

岁月流逝，水落归海；海涵万族，秋水涟漪。东湖西湖，那是老天爷赋予滨城海口的环境财富。她是城市秋波，是椰城美丽的大眼睛；她顾盼多姿，摄人心魂。"平湖双月"早已成为海口胜景。波光椰韵，树影婆娑，水汽氤氲，那是东西湖对滨海城市的大爱。

湖畔的大英山，山上山下，那名叫波汶、波涛、波潮的小渔村，曾冉冉升起蓝色文明的炊烟；那山前山后，那"四庙，三庵，七井，五桥"，曾闪耀着海洋文明的光芒。

"得胜沙"仍在讲述抗击海盗的英雄故事。那里原是琼州外滩，古称"外沙"。清道光二十九年（1849 年），海寇张十五侵犯海口，清兵把总黄开广带领军民在外沙顽强抵抗，贼寇被驱赶出海，落荒而逃。为纪念这次抗击海盗大获全胜，便将外沙命名为"得胜沙"。

清康熙二十四年（1685 年），海口被辟为通商口岸，得胜沙设"常关总局"，商贸初具规模。咸丰八年（1858 年），清廷与英、法分别缔结《天津条约》，得胜沙成了洋行密集的商业街区。光绪二十七年（1901 年），法国天主教会在得胜沙设中法医院；光绪三十一年（1905 年），设邮政局。1914 年，设中国银行海口办事处；1935 年，"五层楼"在得胜沙落成。

"中山纪念堂"是纪念中国民主革命先行者孙中山先生的文化圣地。1926年，为了纪念中国民主革命的先行者孙中山先生，其时适逢海口从琼山划出单独设市，海口总商会便发动全市商界踊跃捐资，建成了意义重大的海南标志性建筑——海口市中山纪念堂。

1964 年，海口市人民政府拨出专款，对中山纪念堂重新修葺并略为扩建，既维护城市历史建筑的完整又保持好原来风貌。中山纪念堂坐北向南，建筑面积 1045 平方米。纪念堂有 7 级混凝土台阶，主体建筑巍峨壮观，气势雄伟，绿色琉璃简洁流畅，十分醒目。

纪念堂整体结构为中西结合风格，正面堂檐的横匾上刻有"中山纪念堂"

5 个大字。檐下清水石红方柱支撑堂顶。柱间启 5 门，正中为大门，两旁为侧门。厅堂南高北低，北设主席台，南筑悬楼，悬楼两侧为上楼通道。悬楼之外为楼庭，厅堂设有 1200 个座位。

邱氏祖宅是中共琼崖一大旧址，是海南革命历史纪念地。它位于中山街区解放西路北侧，旧称"竹林里"。邱氏祖宅占地面积 0.28 公顷，坐北朝南，呈方形。平房正屋 2 幢，每幢 3 眼，东、西有厢房，左后侧有一阁楼，均为砖瓦木结构。前、中、后各有庭院。

1926 年 6 月，中共琼崖第一次代表大会在邱氏祖宅大院召开。旧址是大革命时期中共琼崖地委诞生地、琼崖中共党员和革命人士开展革命活动的重要场所，也是海南人民革命斗争的重要历史见证。1994 年，海南省人民政府公布其为第一批省级文物保护单位。

此外，还有饶园，那是旧海口的娱乐区。还有马厩、积善庵、冼夫人庙、云氏会馆、潮州会馆、何家大院、吴氏大院和太阳太阴庙等。

以太阳太阴庙来说，那是老街区体现市民群体"与自然和谐、与族群和谐、与自我和谐"的文化场所。这是现代城市极为罕见的人文遗存，是极有文化价值的历史遗产。太阳是地球的老父亲，太阴是地球的老祖母。祭祀太阳太阴，就是祭祀我们的生存环境，就是与大自然

太阳太阴庙

保持和谐、与社区族群保持和谐、与自己的身心保持和谐，这是一种很可贵的人文思想。

祭祀日月，保留亘古时代海岛居民崇拜自然的生活习俗。这是一种哲学思辨：太阳属阳火，至阳至刚；太阴属阴水，至阴至柔；阴平阳秘，刚柔兼济，水火交泰，闾里和谐，是至高的生活境界。也就是说，追求高境界的文明城市，需要阴阳和谐的文化维度。

也许，太阳太阴庙是有选择的文明载体，因而选择中山老街作为安身立命之地。百年街区，繁荣昌盛，居民"讲礼节、重信用，自觉自律，友善礼让"，文明风气形成，切合社区的和谐至理。从文化学的角度审视，居民祭拜太阳太阴，实则是祭拜和谐生活。

中山路天后宫

海南千年都江堰

生于海岛，长于海岛，出岛渡海，进岛过海，毕生与海做伴。

作为岛民，海的儿女，早已习惯于海天茫茫、海水滔滔、波峰浪谷，习惯于气象万千的海洋景象。古人云："曾经沧海难为水，除却巫山不是云。"难道说，还有哪里的水能比大海波澜壮阔，还有哪里的水比沧海更令人怦然心动？

说实在的，比于沧海之浩瀚，长江大河，平湖深涧，溪流飞瀑，那一点江河之水、溪涧之泉，真可谓微不足道。可是，看那沉睡了上万年的琼北火山，看那焦黑的火山石、焦干的火山土，看其赤地千里、禾苗枯焦、树木干渴，哪怕是一泓清泉，也显得弥足珍贵。

因为如此，那火山脚下的千年岩塘，那川流如涌的源头活水，才那样引人瞩目，使人眷恋。看旧沟、新沟，宛若两条青龙，蜿蜒数十里；看沟渠两旁平野，田如铺锦，畴如染翠，使人不得不对"曾经沧海"进行一次理性反思，不得不对"上善若水"进行一番哲学思考。

一

事情必须从唐永贞年间的那场革新说起，从那时掌握宰相大权的韦执谊说起。

韦氏不幸，海南有幸。作为"永贞革新"的牺牲者，其结果之一是宰相韦执谊被贬崖州。

那是唐永贞元年（805年），顺宗李诵即位，面对风雨飘摇的唐王朝，他重用王叔文、王伾、韦执谊、刘禹锡、柳宗元等一批有才能的官员，制定"内抑宦官，外制藩镇"的施政策略，希图革除朝廷积弊，挽救政局危机。然而，这场改革的条件是不成熟的，改革者领导者思想上也不统一，而他们面对的不是普通官僚，而是力量强大的既得利益的统一体，是盘根错节的宦官集团和藩镇势力。

永贞元年二月，改革措施开始颁布，一时间朝野上下议论沸腾。说实在的，改革者是有勇气、有胆魄的，所推行的革新可谓大刀阔斧、雷厉风行。在政治上，他们采取废宫市、罢五坊小儿、惩治贪官污吏、裁减宫中闲杂人员等措施；在经济上，他们废除苛捐杂税、取消例外进奉、降低官盐价格，收回财

旧沟长流

政大权。客观地说，这些措施曾在一定程度上减轻人民负担，对唐王朝社会稳定、经济发展有一定的积极意义。

比如宫市，那是中宫欺行霸市、宦官中饱私囊的一项陈年弊政。废宫市，就是废除"中宫强买人物"的特权，取消这一扰民的暴政。白居易有《卖炭翁》一诗，诗云："可怜身上衣正单，心忧炭贱愿天寒。"可是，他碰上的是蛮横贪劣的宦官，面对的是"一车炭，千余斤，宫使驱将惜不得，半匹红绡一丈绫，系向牛头充炭直"的暴政。卖炭翁的悲惨遭遇，就是当时宫使借采购宫中物资巧取豪夺、鱼肉百姓的罪恶证据之一。难道如此祸国殃民的宫市不应废除？

还有五坊小儿，今人对此名词已经陌生，时人称之为"五坊鹰犬"。说白了，那是为皇帝养鹰养狗养宠物特设的扰民衙门，因分为雕坊、鹘坊、鹞坊、鹰坊、狗坊，故名"五坊"。这些五坊鹰犬，狐假虎威，无恶不作。史载："德宗时五坊鹰犬恣横，州县不能制，多于民间置罘罝，或有误伤一鸟雀者，必多得金帛乃止，时谓供奉鸟雀。"可想而知，五坊鹰犬勒索财物，肆无忌惮，无所不用其极，致使人神共愤，庶民侧目。如此衙门不罢，市井何以安宁？百姓何以乐业？

至于惩治贪官污吏、裁减宫中闲杂人员，以及废除苛捐杂税、取消例外进奉、降低官盐价格等等，都是清除旧弊、利国利民的善举。可是，改革触及了实权派的利益，遭到了宦官和藩镇的强烈反对。随着改革措施的颁布、实施，宰相韦执谊旋即陷入内外交困的局面。

为什么？因为宫廷之内，皇帝中风失语，气息奄奄，朝无夕虑；朝野上下，群小狼狈为奸，气势汹汹。改革措施颁布还不到100天，一场宫廷政变迫使顺宗李诵禅位，儿子李纯坐上了皇帝宝座，为宪宗，时为公元805年八月。

改革者壮志未酬，守旧者秋后算账。于是，"二王""八司马"赐死者死，被贬者贬，"永贞革新"，不了了之。永贞元年十一月，宰相韦执谊被贬为崖州司马。

二

史载，唐宪宗及其仆从字斟句酌，下一道《贬韦执谊崖州司马制》的圣旨，并郑重其事地要韦执谊领旨认罪。这里很有必要摘录一段文字，以了解朝廷在韦执谊政治档案中对其政绩优劣的评定。旨曰："为臣之道，必在尽忠。其有朋党比周，挟邪败度，事资惩戒，必正典刑……（韦执谊）幸以艺文，久从任使，早居禁署，谬列鼎台；直谅无闻，奸回有素，负恩弃德，毁信废忠；言必矫诬，动皆蒙蔽，官由党进，政以贿成……宜投荒服……即驰驿发遣。"

这段评定列举韦氏贬因，申明皇上宽恕。圣旨言之凿凿，说得天花乱坠，反正有口难辩，总之罪有应得。是反对派借刀杀人还是宪宗个人本意，不得而知，但知韦执谊生前最怕看崖州地图，而他却被贬崖州。韦氏为什么那么怕崖州呢？原来前朝唐德宗年间的宰相杨炎被贬崖州，途中曾留下"崖州何处在，生度鬼门关"（《流崖州至鬼门关作》）的千古慨叹。

崖州何处在？离开京城长安，韦执谊不问崖州何处，心情倒显得轻松一些。他带着夫人杜氏、妾范氏及弟弟、儿女一路南行，越行越远，远离了是非之地。每逢月明星稀之时，每到漫天风雨之际，韦执谊禁不住想起半生颠簸，从甲戌进士、官至翰林，到简使吐蕃、布诚纳款……反思仕途经济，他觉得自己所作所为，竭尽全力，问心无愧。想到顺宗幸遇，擢为侍郎，拜为尚书，出入禁中，辅佐庙堂，相君显名，声震朝野，他轻轻地叹了一口气。

对所谓"谬列鼎台"，韦执谊感到卑鄙可笑，至于"言必矫诬，动皆蒙蔽"云者，更是荒谬至极，无耻之尤。但是，他怎么也想不到会万里投荒，竟成为崖州司户参军，更想不到此生此世会在郑都筑岩塘陂……别说韦执谊想不到，就连他的政敌也万万想不到。

话说韦氏一家，老老小小，晓行夜宿，终于到了崖州地界。看到崖州山清水秀，物产丰饶，不像京城官员所说的那么恐怖，韦执谊反倒觉得这是安身立命的第二故乡。于是，韦执谊决定立籍郑都，他因此成了韦氏过琼始祖。从此，子孙相继，瓜瓞绵绵，英才辈出，建功树德。当然，那已经是后话了。

唐代崖州，州治在旧州。崖州刺史李甲欣赏韦执谊的过人才华，请他"摄郡事"。本来，旧时宰相谪外，鲜有留心政事者。可是韦执谊不同，作为"永贞革新"的流放者，他竟然像模像样地管理事务，把一腔热血洒向"鬼门关"。看到大量土地未被开垦，看到人民缺食缺穿，他开始着手改造田洋，把旱地变成农田。

崖州郑都属琼北火山地带，那里有一处岩塘泉流如涌，终年不竭，而岩塘附近却是大片旷野，其地跨今海口龙塘、十字坡、美仁坡，面积不小，四野辽阔，时人称之为"打铁坡"。相传，东汉时马援渡琼平乱，曾在那儿驻军，锻打兵器，"打铁坡"因而得名。看到如此肥沃的土壤，韦执谊开始琢磨如何筑堤蓄水，如何开垦荒坡，如何改造良田。

也许这是上天的安排，使

韦执谊历史评价碑

书生成了宰相，又从宰相成了贬官，再安排贬官摄郡事，务农耕，筑坝开渠，蓄水灌田。其实，韦执谊并不懂水利工程，可是，他在实践中摸索，成了革新人物。仿佛琼北郑都的火山湖也如此，就一直等待韦执谊前来开发，好像他被贬崖州就是专门为干这一件事而来。

那是公元 808 年，即宪宗元和三年，韦执谊早已忘怀得失，已把放逐他的政敌宵小抛到脑后，真的甩开膀子干了起来。从规划设计到四处筹款，从雇工凿石到修建堤坝，他都全身心投入，俨然是一个水利专家。看来，比起治政治人，他更善于治山治水。他是一个了不起的水利专家，他的了不起之处在于他关注民生，修建了海南历史上第一个水利工程。他让青龙服服帖帖，顺从人的意志，乖乖地把"龙泉"洒向稻田，德泽生民。

于是，老百姓把龙泉滋润的那片稻田称为"韦公田洋"，羊山黎庶把造福一方的"司马"称为"羊山鼻祖"；于是，绿油油的稻田禾苗以蓬勃的生命向世人宣告：韦执谊政治档案中所谓"官由党进，政以贿成"的荒诞无稽……

<h1 style="text-align:center">三</h1>

1200 年多后，笔者探访千年岩塘，亲历韦公德政。

从海口出发，小汽车在东线高速公路上疾驰，十几分钟后拐进十字坡，穿越龙泉镇，然后停在雅咏村田洋上的水渠旁。同行的龙泉镇干部韦英镇告诉笔者，脚下的水渠叫新沟，是韦氏后人修建的。所谓新沟，是相对于旧沟而言的，这水渠也有了数百年历史。这一处水利工程，凝结着韦氏子孙的心血。

韦氏后裔用他们的心血，描绘了一个水汽淋漓的绿色世界。举目环望，远山苍翠，绿水滔滔，绿野成畴；近处，岩塘水阔，清泉飞溅，汩汩潺潺。这里的水是分层次的，最低的水位是南渡江的内河，其次是种蕹菜的水塘，再次是水稻田，然后飞珠溅玉，逐级而上，最高水位是千年岩塘，高低之差不下于丈余。

都说水往低处流，可是千年岩塘并没有地表水源，它的水从地底下的岩石缝隙间喷涌而出，是泉流从下往上冒，汇集涌泉，聚成深渊，成为龙潭。在韦执谊到来之时，岩塘水还是放任自流，是他慧眼独具，砌石坝锁青龙，也锁住了天光云影，让其在塘中风云际会。然后砌石成沟，沿沟开垦荒地，引岩塘水灌溉。《韦氏族谱序》记载："始祖谪驾入琼，肇基伊始，籍居郑都。都之南有曰'岩塘'，出于山下，目睹水泉流涌，心激陇亩亢荒，创筑岩塘水陂一条，以兴民利，惜工未竣而卒。"

一项德泽千年的水利工程，需要先人的卓识首创，更需要后人的不懈努力，才能在原基础上逐渐完善。虽然韦执谊壮志未酬，但却为子孙后代留下冰清玉洁的高贵品质。此后，岩塘时修时停，直到宋代端平年间（1234—1236年），韦氏第十八世孙韦魁集众人之力，"于塘门筑石高丈六，阔半之，埕土名将军流分二派，南派灌溉郑、暂、遵、麻等都，土名那冲等田；北派灌溉洒塘（今龙塘镇）、抱元、大小挺等都，土名苍屯等田，共数百余顷"。时人评论："即今天旱亢旱，各处咸嗟旱魃，独郑疆（郑都一带）田禾依然实颖实粟……睹斯陂岸，水泉满流如长虹，此诚光及前人，泽被民社者也。"

看千年岩塘，泽国水乡，喜绿野无边，生机盎然。

这里的岩塘，一个连着一个，仿佛是老天爷特意设置的一面面巨大的"湖

千年岩塘

镜"。这镜湖是分层次的，高处溢满，镜面未磨，一股股往下泻，于是又一个镜湖诞生。一面又一面的湖镜把远山近树、日光云彩映照得纤毫悉现，也把千年历史映照得纤毫悉现。

老子曰："上善若水。水善利万物而不争，处众人之所恶，故几于道。"

这个"道"，是人间正道，是世间善道，是"心善渊，与善仁，言善信，政善治，事善能……"。沿着这条"道"，到了明代，韦氏第二十五世孙韦孝、韦弟、韦杰三兄弟，秉承祖训，兴资上万，在离岩塘一里许处筑亭塘新陂一条，时人把这条沟叫新沟，把韦执谊筑的那条叫旧沟，后人合称为"新旧沟"，而把灌溉所及的田洋称为"韦公田洋"。

康熙年间（1662—1722年），琼山知县林运鉴说："至今九图万民歌颂不忘者，胥赖两条陂堤合以济也……历观韦氏，世传兴创水利为功，广济民生为德，百代而下，观河济者，必思禹功；瞻二陂者，不忘韦德，何也？科榜之名，有时而遂湮；保障之泽，无时而可息。"

林运鉴说得很恳切，是有感而发。也许，不管是韦执谊或是韦氏后人，他们兴修水利之时并没有想过"上善若水"的哲学命题，没有想过他们的人文精神会像岩塘陂、亭塘陂的流水一样历经千年以至千秋万代都在述说人的生命价值。其实，就像老子所说："道生之，德蓄之，物形之，器成之。是以万物莫不尊道而贵德。"

尊道贵德，是千年岩塘长流不息的人文根源。可不是嘛，"修之于身，其德乃真；修之于家，其德乃余；修之于乡，其德乃长……"

四

修德敬业，造福桑梓，声誉之隆，炳如日星。

除了筑岩塘修水利之外，韦执谊还教民牧羊耕种，兴办里学，临民唯谨，深得崖州官吏赞许、百姓称誉。消息传到京城，唐宪宗不知怎么的，一时动了恻隐之心，居然念及两朝宰相"笃弼王室"的犬马之劳，因而摆出了一副"优礼元旧，奖掖贤臣"的慈悲面孔，于是便在元和十年（815 年）四月，下旨赦免韦执谊。可是，早在 3 年前，韦执谊已走完了他的人生历程，早已长眠岩塘之畔，长伴青山绿水，长伴春雨春风。

韦执谊逝世后 36 年，唐代另一位宰相李德裕也被贬崖州。"永贞革新"时期，李德裕才 18 岁，对韦执谊的施政纲领十分佩服，对其不幸遭遇非常同情。唐武宗时，李德裕官居宰相，执政 6 年，励精图治，内抑宦官，外削藩镇，收复幽燕，平定回鹘，功勋赫赫，封卫国公。到唐宣宗时，阉党死灰复燃，宦官把持内政，李德裕陷入"牛李党争"，于大中二年（848 年）被贬崖州司户，次年正月携家眷到达贬所，成了唐代继韦执谊之后第二位被贬崖州的宰相。

从宰相到司户，李德裕悲痛欲绝。他在《贬崖州司户道中作》一诗中写道："岭水争分路转迷，桄榔椰叶暗蛮溪……不堪肠断思乡处，红槿花中越鸟啼。"《唐语林·卷七》载："李卫公在珠崖郡，北亭谓之望阙亭，公每登临，未尝不北睇悲咽……"他在《望阙亭》一诗中叹息："独上江亭望帝京，鸟飞犹用半年程。青山似欲留人住，百匝千遭绕郡城。"

同是天涯沦落人，韦执谊的悲惨结局一直萦绕李德裕心头，挥之不去。好在郑都雅咏村离崖州城并不远，于是，李德裕"谨以蔬醴之奠，敬祭于故相国韦公仆射之灵"，其祭文曰："呜呼！皇道咸宁，籍于贤相，德迈皋陶，功宣吕尚。文学世雄，智谋神觑，一遭谗疾，投身荒瘴。地虽厚兮不察，天虽高兮难谅。野掇涧苹，晨荐柜鬯，信成祸深，业崇身丧。某亦窜迹南陬，从公旧丘，永泯轩裳之愿，长为猿鹤之愁。嘻吁绝域，瘇寐西周。倘知公者，测公无罪，无知我者，谓我何求。其心若水，其死若休。临风敬吊，愿与神游。呜呼！尚飨！"

李德裕"言有穷而情不可终"，与其说他凭吊韦执

张岳崧"两彼利泽"题匾局部

谊，毋宁说他亦是"凭吊"自己。李德裕凭吊一代贤相，凭吊为政以德，凭吊千年岩塘，凭吊韦公田洋。对韦执谊的德泽生民、功垂星宇，除了李德裕著文记述外，历代志书均有记载，莫不给予公允评价。

离开千年岩塘之后，笔者探访了韦氏祠堂，只见荒烟夕照，残垣断壁。据说，韦氏祠堂修建于唐末，历代屡屡重修，今所见祠堂遗址乃清代重修遗址。所见镌于木板上的对联，是清代海南才子张岳崧所撰。联曰："祖德树宏谟，训主一经，三相高明昭北阙；宗功垂大业，田开万顷，两陂利泽遍南溟。"可惜，上联木板早已丢失，所幸仍存下联。

祠联上下两联，一存一失，仿佛人生一世，圆缺难免。韦氏不幸，琼州有幸，幸有新沟旧沟"两陂利泽"，幸有千年岩塘，万代清泉。

山海传奇

龙华城区，背山面海，江流环绕，林木丰茂。

大英之山，独立海疆，东湖西湖，丝路码头。

秀英炮台，海口锁钥，大炮轰隆，拱卫海岛。

八角之楼，百年风雨，一大旧址，百年风云。

红色儒逢，风雷激荡，革命英烈，风范长存。

仁台农军，浴血奋战，宁死不屈，威震敌胆。

苍东苍西，东鳞西爪，片羽吉光，志气高昂。

古村古井，老街老巷，文化城区，山海传奇。

大英山独立海疆

海口，既是地理名词，也是文化名词。海口的本义是"有海有口"。

海，是海疆辽阔，海岸绵延；口，是南渡江出海口，大英山旧港口。

对于前者，山川形胜，历历在目，不可辩驳；对于后者，作为城市公园，大英山位于市中心，处于高楼商厦的怀抱之中，面对市声喧嚣的大街，目睹车水马龙的繁华，实难令人相信，几百年前，这片土地前曾是海口内港，这座山独立海疆，气势非凡。

是的，作为龙岐山余脉，隋唐时代，大英山曾是波涛汹涌的海岸，而东西湖则是传说中五龙"腾云升天、掀浪入海"的万丈深渊。山上山下，名叫波汶、波涛、波潮的小渔村，曾冉冉升起蓝色文化的炊烟；山前山后，那"四庙三庵七井五桥"，曾闪耀着海洋文明的光芒。因为文化积淀如此深厚，使这座海拔 26 米的小山丘耸起了滨城海口的文化峰峦。

还是从桥说起吧。"五桥"虽然早已消失了，但却是当年大英山人跨越河汉海沟，连接外界的生活通道和"文化栈道"，其中，"履祥桥"是有案可稽且记录较详的一座。

《海口陆上交通志》记载："履祥桥，桥址在城（府城）西八里大英山。乾隆年间（1736—1795 年）邑人黄世杰建，并修石路长二十丈。"这桥这路已不复存在，但新修的大英路、大同路、博爱路等新马路横亘在眼前，"城市双修"重现了无比秀丽的现代城市山水。

就说说这条傍着东湖粼粼碧波的博爱路吧。这条老街旧称"南门街"，乃明代海口所城十字街南北走向的城市纵轴。从元代起，这条"轴线"便是海口至府城的通衢。

民国十三年（1924年），拆城扩建，使之由南向北延伸到水巷口。1926年海口设市，改名为"博爱路"。1965年，该路南段填平沼泽，改弯取直，经过湖畔直通"三角池"。

三角池，乃大英路、博爱路和海府路、海秀路的交会处，曾是省会海口的地理标志。

1988年海南建省办经济大特区，三角池曾是十万"过海人才"魂牵梦绕之地。今天的大英山、三角池、东西湖，已在"城市双修"中蜕变成滨海滨江花园城市的美丽景观，成了城市建设的文化亮点、市民休闲生活的关注热点、外来客人漫游海口的旅游视点。

大英山公园

从这可以看出，以大英山为中心，周边的环境发生了巨大变化，已蜕变成花园城市的精品园区。谁能相信，当年南门街曾横跨美舍河支流，曾兴建"迎恩桥"。迎恩桥的架设与屡毁屡修，从一个侧面反映了在相当长的历史时期里山脚下河流湍急的水文环境。

《琼山县志》记载："迎恩桥在县北七里，明正统五年（1440年）知府程莹建。"当年美舍河的支流水势很大，致使迎恩桥常被洪水冲垮，历朝历代，曾好几次重修。

《海口陆上交通志》记载："康熙二十四年（1685年），知府佟湘年、副使彭显应同修。乾隆五年（1740年）水涨冲圮（倾毁），监生陈国安、詹协万，生员钟世圣募修。咸丰三年（1853年），水又冲圮，知县李文炘捐修。光绪三十二年（1906年），商人周恒昌、詹珠图、陈悦丰等又捐修……"毁了又修，一再捐修，修的是商业通道、文化驿道。

再往西，咫尺之遥还有一座"善善桥"。《琼山县志》："善善桥，在海口关部前。"该桥跨富兴街后溪，连接新华北路。当年，小舟溯后溪而上，可直达海口最大的水塘——西门塘。20世纪60年代，傍西湖而建的海口青少年宫，就坐落在西门塘畔。

这是另一条流量充足的水系。这支流，这后溪，这水塘，这纵横交错的水网，使大英山成了海口的天然内港。

说了这么多，说来说去都离不开"水"，离不开"桥"，离不开"恩"，离不开"善"，而所说的这些是否足以证明大英山是老天爷恩赐的一方善土，其修桥历史本身就是一部水汽淋漓的海洋文明史？

大英山范围不大，充其量不过万绿园面积的二分之一，而那里头竟然有"七井"。

井，是一种独特的文化景观。古代"井"与"市"常相提并论，故有"市井"之说。所谓"市"，其本义是"交易之所"，而"市井"，有"在井边交易"之意。古代人口稀少，物质匮乏，原始的商品交换是以物易物，交换地点常常在井边，即清晨汲水时互通有无。

所以，"井边"是商业文明的发源地。为此，我们不妨"大胆假设，小心求证"——大英山是城市商业文明的起点，是海口最早的集市之一。或者，甚至可以这么说，是先有大英山，后有海口城。

七井之中，今尚存田螺井。谓之"田螺"，喻其小也。从现存遗址看，井径约 70 厘米，史载"井泉很旺，大旱不干"。相传，用这口井水所制之豆腐，香滑鲜嫩，名声不小，故又有"豆腐井"之称。有了这个"品牌"，并非仅仅自用，而是出售，售给"四庙三庵"的僧众，售给过往香客及当地村民。这么一来二往，"集市"便应运而生。

豆腐井

那"四庙"，曰伏波庙，曰关帝庙，曰何公庙，曰班帅庙；那"三庵"，曰广济庵，曰积善庵，曰斗母庵。"四庙三庵"日销豆腐多少，不得而知，但从班帅庙遗址的不凡格局，从关帝庙那块"德配穹窿"石匾的规模及厚重，就可知当年大英山庙宇的规模与气势。

其他三庙三庵就不说了，单说说伏波庙。这伏波庙纪念谁？为什么要建在大英山？其规模到底有多大？这是与大英山历史文化相关联的重要问题。

西汉的路博德、东汉的马援，史称前后伏波将军，他俩是海南开疆置郡的

德配穹窿

功臣，伏波庙所纪念的就是这两位将军。咸丰年间《琼山县志·卷十一·海黎》记载：东汉建武十七年（41年），马援已在琼州海峡两岸坚立石刻潮汐表，以供渡海之用。看来，大英山人纪念伏波将军，除了其开疆置郡的功业之外，所创实测潮汐表也是一个原因。当年，大英山与外界隔水相望，供伏波将军为神，也有"用水、御水"之意。

距大英山三四里远的龙岐村有座伏波庙，距七八里远的五公祠有座伏波庙，距五六里远的白沙坊山旺村也有座伏波庙。通过三庙互相比照，大体可以推料当年大英山伏波庙的景象。

窃以为，一座伏波庙到底有多大并不重要，重要的是大英山庙宇如此密集，类型如此齐全，供奉如此广泛，文物如此精致。众多的"如此"，足以说明大英山人气旺，历史文化灿烂辉煌，足以说明海洋文明使大英山人眼界开阔，思维敏捷，性格刚毅，心理开放。

这是海口文化的内核，是城市发展的内生动力。这大英山人就是海口人。完全可以这么说，是海口先民创造了大英山文化，或者称之为海口历史文化，或者称之为蓝色文化、渔耕文化、海洋文化。因为如此，大英山成了海口的文化名山，成了城市灵魂。因为这座山，因为这一文化视点、文明亮点，海口才如此底蕴丰厚，生气勃勃。

往远古说，今日海口，乃琼北冲积平原的一部分。远在第四纪，火山爆发，陆地陷落，形成琼州海峡，使琼岛与大陆分离，当时海口仍是汪洋大海。过了几世几年，大英山人开始学会怒海行舟，牧海耕渔；再后来，就是以海为商，远洋贸易。

大海是富足的，那是老天爷赋予海口人的自然财富。从大英山向远海看，水天一色，鸢飞鱼跃，海阔天空；从远海向近岸看，万商云集，风帆如竹，货畅其流；远望大英山，碧如翠玉，俨然是名家巨匠的山水画，是口碑载道的绿色家园。

还是那座山，还是那条江，还是那片海。几百年后，海晏河清，娱乐升平。所以，不管是从现实角度审视，还是从历史角度剖析，大英山都不仅仅是椰城园林、城市公园，还是耸立在海口文化海岸上的人文高峰，它耸起了现代海口的文化峰峦。

琼州海峡炮声隆

海南人文景观众多，但最摄人心魂的是秀英炮台。

作为军事文化遗址，秀英炮台是海南第一大炮台。

《琼山县志》记载："炮台费银十万，土工大极，非勇力所胜。筑台之时，曾铺铁路三百余丈，所铸轮制车每辆可载土一百二十担……"

使用"番灰"（水泥）拌合河砂、碎石，配以"铁骨"（钢筋），竟然铸成丈余见方、坚不可摧的"屋盖"（炮台），不但使千百年来与世隔绝的海岛居民大开眼界，而且振聋发聩，使寂寞荒凉的海滩跻身为抗敌御侮的前沿阵地。

炮台落成之日，海面上漂浮的十几只靶船遭受炮火试射轰击；其时，岸上欢声雷动，群情激昂；海里硝烟弥漫，巨浪腾空。那隆隆的炮声，是海南人民抗击侵略的铮铮誓言。那轰隆之声一直在海天之间回荡，在人们心头回响……

海风又吹拂了一百多年，秀英炮台已不再具有军事价值。原炮已经荡然无存，士兵已经无影无踪，它的存在只是作为一处军事遗址、一处文物古迹。像一位历尽沧桑的老人，炮台似乎在一遍又一遍地述说，述说祖国海疆的百年风云。

百年屈辱，百年抗争，百年浮沉，百年崛起。

清朝政治腐败，自嘉庆继位（1796 年）以来，国力日衰，外敌入侵，兵连祸结。帝国主义的军事侵略与经济掠夺，激起中国人民的强烈反抗。为了加强军事防御，清王朝先后在东南沿海修建虎门、吴淞、大沽等炮台。

翻开中国近代史，上面赫然记载：

1841 年 1 月 7 日，英军 1.5 万人夹攻沙角炮台，守将陈连升等 600 余名官兵壮烈牺牲。

1841 年 2 月 26 日，英军对虎门要塞发动总攻，据守靖远、镇远、威远等炮台的提督关天培等守台将士 400 余人奋勇还击，壮烈殉难。

秀英炮台

1842 年 6 月 16 日，英舰 7 艘及运输船、舢板数十艘进攻吴淞炮台，江南提督陈化成击沉敌舰 3 艘，激战后仅存 3 人，其他守台将士在肉搏中全部牺牲。

…………

多么顽强，多么激昂，多么悲壮。一部近代史，就是抗击侵略的斗争史，每一页都弥漫炮台硝烟，每一个字都浸渍守台将士的鲜血。

秀英炮台遥望北疆，一腔怒火，满腹苍凉。南海潮轻轻拍打，也无法使她酣然入梦。到了 20 世纪 30 年代末，她那压抑了半个世纪的怒火终于磅礴喷出，发出了震天动地的吼声。

1939 年 2 月 10 日清晨，日军战舰 30 余艘、战机 50 余架进犯海口。志骄意满的侵略者万万没有想到，琼州海峡海口湾的海面会掀起澎湃的怒涛。拱北、镇东、定西、振武、振威五座炮台喷射出密集的弹雨，打得敌军晕头转向。

那是琼岛抗战的第一排重炮，那是秀英炮台对侵略者发出的拱卫领海的怒吼，她给每一个海口人留下了刻骨铭心的记忆和不甘雌伏的激励。

清光绪中叶，法国军艇入侵东南海疆，海防风云骤起，战火一触即发，两广总督张之洞奉旨修建四大炮台。其时，张之洞向清廷奏报《密陈琼防人才片》："臣悉心思索，查有山西汾州府朱采，廉劲果毅，勤朴耐劳，器识甚闳，志趣甚远，久在北洋，深通洋务。臣在晋时，深悉其才……"于是，朱采临危受命，从山西汾州府简任雷琼道，统领两州。

朱采（1833—1901），浙江嘉兴人，同治三年（1864年）优贡生。朱采务实，重经术实学，李鸿章器重其才识，密疏举荐，于同治十三年（1874年）任山西汾州知府。

那是非常时期，外寇觊觎东南沿海，两广总督张之洞奉命布防御敌，筹建四大炮台，秀英炮台是其中之一。光绪十三年（1887年），张之洞奏报《密陈琼防人才片》，朱采于是年闰四月从山西汾州知府简任分巡雷琼兵备道，肩负"当大事，御大乱"的重任。民国《琼山县志》记载："两广总督张之洞至琼商办海防事宜，委派朱采筹订战舰，督修炮台。"

朱采早年游学京师，统观大局，忧国忧民，曾上书李鸿章："西南边陲，法寇张牙舞爪；东北疆界，俄国虎视鹰瞵；日本攻朝鲜，唇亡必齿寒；英国在沪擅开铁路，又在滇劫我厘税……域外群寇气势汹汹，国内海防日渐衰弱。"为此提出"用人、裕饷、练兵、造船、持久"的"海防五要"，并建言"以才德俱优，能当大事、御大乱为第一"的应对之策。

光绪十九年（1893年），朱采在《禀督抚院》的奏折中说："十七年（1891年）二月初六日奉宪台札，饬令总理琼州海口建筑炮台事宜。是年三月初，秀英炮台动工，亲临督建，于本年三月底一律工竣。计中间二十四生炮台三座，曰'拱北''镇东''定西'；两旁十五生炮台二座，曰'振威''振武'……四周建小炮台六座，以备意外之抄袭。"

此外，朱采还写下了督建秀英炮台最伤心的事："该处逼枕海滨，风色最烈，夏秋三次瘟疫，弁勇工役共毙一百二十余名，魏镇云胜、陈镇兆兴猝病而故，陈镇一营即以陈良杰管带……"

琼州海防库存水雷四十余个，朱采商请黄埔水雷局委派水雷专才来琼逐一检修，损缺零件请水雷局添加补给，并从香港购买橡皮圈药管、水绳、纱布、油丹等物……

作为中国古代四大炮台之一，秀英炮台孤悬海外，形势险要。时人认为，海南重镇海口乃"南海第一门户"，秀英炮台为"海口锁钥"。

两度春秋，冲风冒雨，官兵笃力，成就大业。这是琼州海防史上的创举，朱采卫我海疆的雄心壮志得以践行。督建炮台，事关海防全局。朱采亲自谋划，妥选助手，精挑工匠，齐集民夫，慎督工程，认真从事，废寝忘食。奏折禀报："并于十八年（1892 年）春间将大小'五台名号'及添雇民夫等情具禀，申报各在案。"

"五台名号"，铿锵有力，掷地有声，如雷贯耳。"拱北""镇东""定西"，三尊二十四生炮台位居正中间；"振威""振武"，两尊十五生炮台拱卫两旁。如今，当年港湾已经远远退后变成滩涂，变成城市商贸区，但五座炮台的洞口仍然面对东南沿海的历史天空。

秀英炮台，功能完备，构筑坚固。奏折称，炮膛四围及膛底俱用混凝土填筑，四围厚二丈，深至丈六尺，膛底深八尺，有洞避敌弹；有子房储炮弹，有药房储炮药，有小铁路运药弹，有水池蓄水洗炮，有大小窖道及窖梯升降，有兵房供栖息……炮台设置考虑周到。

炮台构筑，未雨绸缪，务于实战，有备无患。奏折称，弹药库设置如北方的窑洞，在上面覆盖六尺厚的土。总子药库则厚一丈二尺，

雷琼道朱采巡视秀英炮台

即使受敌弹亦不易坍塌……上下四围用三合土填筑，四周环植树木，墙之外为环台大马道。四周建小炮台六座，以备意外之抄袭。

朱采是有心人，这么浩大的工程，除禀报布置方位、房屋数目、工程丈尺外，还详细绘图列折，并照式雕木炮台一座"恭呈宪鉴"。炮台施工，塞门德土（水泥）至关紧要，虽"奉发一万一千七百七十九桶"，但恐不敷又"捐购"五百零四桶，为海防自掏腰包。

秀英炮台处所，依山面海，丘岗连绵，开挖高埂，埋平低洼，计土方五万多，非勇力所能胜，爰向港商借得铁路三百余丈，铸轮制车，每车载土一百二十余担；曲折之处，以牛车、人车帮运……据20世纪初海口市文物普查资料，秀英炮台占地3.3万平方米。

朱采的奏折详细描绘了炮台构筑的具体布局："台膛甚小，仅宽二丈七尺，周围隐身洞、四子洞二十，铃铛大铁圈十。台前三和字兰泥，厚一丈四尺；坐底红毛泥，厚八尺。兵药房深四丈四尺，宽一丈一尺，子房深一丈，宽九尺；引道长四丈四尺，药房小引道长一丈八尺，炮台引道长三丈八尺；水池长二丈三尺，宽一丈一尺，深有至三丈五尺者。"

还称："操场以南，大门之内与子药各房，俱伏藏于土穴之中，其式如北地窑房之制，而以石砖环砌成洞，其上覆土至六尺之厚。总子药库则厚至一丈二尺，即受敌弹亦当不易塌卸。盖大炮弹遇沙土而止，但有震撼之力而无穿透之劲也。故台前之护台土墙厚至九丈，操场后面及左右之土墙亦厚至七丈，以外墙之内面俱用石砌以防倾塌。上下四围仍用三合土填筑平实，四周环植树木以资荫蔽。"假如炮台保存原貌，文化价值难以估量。

炮台算得上"重点工程"。"台基宽一百丈，进深五十丈，四周马道宽三丈；台前加小马道宽二丈，以免壁立而巩台基。操场宽十丈，长一百丈，地势西南昂而东北卑，计原高四丈五尺，即为台高之度。迤东而北至正中，台已填高丈余；再东再北至洼田，填高四丈八尺。总计马道、操场、引道子、药库、兵房、水池、水沟运土在五万方以外。"

工程如此艰巨，一切需用经费计物料、工匠、夫役、船只、起炮、迁葬、地价、棚厂、薪水、津贴、伙食各项，统共享过银五万六千四百五十九两七钱

秀英炮台之振威台

九分二厘六毫三丝，计陆续领过银五万七千两。除用过前项外，实存银五百四十两零二钱零七厘三毫七丝。

炮台开销精确到一毫一丝，从这可以看出朱采的"廉劲果毅"。工程由"总办""帮办"逐一分款造具清册，禀请核销。"职道覆加查核，确系工坚料实，力求撙节，实用实销，一无浮冒，理合照造清册，禀请宪台察核，派员验收，并饬知善后局照数核销，实为公便。"朱采是坦诚的，"琼地孤悬外海，各料购自他方，其中有包运到工，亦有到工后另加运费；雇用工匠亦价廉工拙，是以工料价值间有与内地不同，合并声明。"

秀英炮台曾被恃为"南疆锁钥"，比三大炮台毫无逊色。作为古代海防军事设施，秀英炮台是中国古代规模较大的军事设施之一。直至1939年2月10日，秀英炮台仍驻扎前清炮兵转为国民革命军的战士250人，他们曾用愤怒的排炮轰击入侵海疆的日寇。

　　秀英炮台是珍贵的历史文物。1985 年，海口市人民政府公布秀英炮台为市级重点文物保护单位；1994 年 11 月 2 日，海南省人民政府公布秀英炮台为省级文物保护单位；2006 年 5 月 25 日，国务院公布秀英炮台为全国重点文物保护单位。

　　今日中华，大国崛起，时和世泰，举世瞩目。琼州海峡，万舟竞渡，秀英炮台，独立海疆。今日海南，改革开放，创新发展，先行一步，秀英炮台以历史老人的睿智，凝视海南自由贸易试验区（自贸港）如火如荼的建设场景，倾听新时代鼓乐喧天的时代乐章。

八角楼百年风云

　　海口老街很有特色，沿街骑楼引人注目。近年来，不知有多少游人把目光投向中山街道南洋骑楼，投向热带海岛滨城海口所特有的建筑风格。在欣赏南洋骑楼中西合璧的立面藻饰的同时，有不少游人喜欢置身于沿街骑楼的长长檐廊之中，既体验到躲避午间烈日和午后豪雨的情趣，也感受到南洋骑楼建筑所独有的人文关怀。

　　老街老房，很有老味，但绝非老调重弹，老模老样，而是掩藏滨城海口街市建设之初兼收并蓄的开放思想。虽然临街建筑是南洋骑楼风格，但与骑楼咫尺之遥的八角楼却是欧式建筑、法国风格。当然，还有哥特式、罗马式或是别的什么模式。琳琅满目、异彩纷呈的建筑风格互相映衬，互相补充，展现了海口历史文化名城的文化风采。

　　这里所说的欧式建筑、法国风格的八角楼，位于海口市龙华区中山街道的得胜沙路和龙华路交会处的义兴街。那是海口最早的几条老街之一，当然，八角楼也是老街的最早建筑之一。这八角楼建于何年，历史档案里已找不到详细记录，只知道那是早年的法国领事馆的房产。也许，法国领事嫌原址临近闹市，或者是楼房面积不大，或是别的什么原因，总之，法国领事馆要搬到海甸岛新址，便将八角楼卖给了云氏家族。

那是 19 世纪下半叶，这幢八角楼算是一处非常惹目的西式建筑，所处位置又相当不错，而且楼房造型新颖，建筑质量上乘，占地面积不小，其价值当然也不菲。那么，一个海南本乡本土的云氏家族，哪有这么大的财力，一下子买断这么一幢新潮楼房？这不是笔者的疑问，这是当年众多海口市民的疑惑。况且，买下这幢楼房，又有什么用途呢？

一个多世纪过去了，现在的八角楼临路一面的墙壁上镶着"云氏会馆"四个大字。从当年的法国领事馆到今日的云氏会馆，100 多年风云激荡，这幢老房子显然隐藏着许多不为人知的历史文化信息。

这既属于八角楼的人文历史，也属于云氏家族的人文历史，更是属于一个街区、一座城市的人文历史。为了了解这段历史的衍变，笔者叩开了八角楼的大门，聆听现在的会馆"主人"——海南云氏会馆、海南云海公益基金会的专职干事云天明讲述从八角楼到"云参政堂"再到"云氏会馆"的沧桑历史。

当年，云氏后裔、旅泰侨领云茂修正想在海口筹建一处汇聚云氏宗亲的场所，得知法国领事馆搬迁，便与旅泰云氏族人商酌，并募集大洋三万七千零五十圆，把八角楼买了下来。据现存的民国三十七年（1948 年）及 1950 年的"县（市）地介册"记载，该楼业主姓名首列"云参政堂"。也就是说，八角楼买下后便更名为"云参政堂"。

云天明解释说："参政"是"参知政事"的简称，是云氏二世祖云从龙的官阶、官衔。云天明是云氏过琼第二十四世子孙，他给笔者出示了云从龙的生平简介。

云从龙生于南宋理宗嘉熙元年（1237 年），25 岁中进士，经历了元灭宋的战乱。元朝至元十六年（1279 年），诏降金牌虎符，授宣武军将湖广邕州安抚使，次年授怀远大将军广东琼州安抚使，便与父亲云海、母亲苟氏一道举家迁至琼州，落籍海南文昌。尔后，云从龙官授资善大夫湖广安南等处行中书省参知政事、镇南节制大将军，成了云氏家族中的杰出人物。云从龙是海南云氏家族的奠基者，故所置八角楼业主姓名首列"云参政堂"。

此外，档案中作为产权代表的"云维山"是云从龙的别号。在同一档案"土地所有权人"一项中，还列有"云光中等"字样。这个"等"字耐人寻味，是"云光中等人"的意思。也就是说，该处房产并非个人独有，而是众人财产，产权代表云维山早已不在人世，云光中是当时驻海府地区的云氏家族宗族长子（俗称"宗子"），是代管房产的责任人。

《云氏族谱·参知维山公传》记载：云从龙天资聪敏，器量宽宏，仪表丰伟，与人和易，遇事果断。从龙自幼笃志问学，淹贯经史，涉猎百家……在广东任上，他兴学校，除暴政，养老赈贫，

云氏会馆

通商惠工，粤民至今颂德不忘。

这一传记写于何时，不得而知，但从族谱及云从龙家书等相关史料可知，云从龙做人处世明白事理，做官从政抚循百姓。

一座云氏会馆，其中隐藏着云氏先祖的史迹，从中可以窥视海南人文历史。关于云从龙的相关史料，云天明给笔者出示了云氏二世祖的诗和题字。那是一首描写三亚落笔洞的诗及"落笔洞"的题字。诗云："地极南溟阔，洞天琳宇奇。好山如绣画，野路自逶迤。不见飞仙蜕，空留谪客诗。清风驾归羽，乘此访安期。"其所题"落笔洞"三个字，遒劲有力，别具一格。从其从政功绩及存留诗书来看，云从龙文韬武略，卓尔不凡，不愧为云氏俊杰。

听了云天明的一番介绍，得知云氏会馆的来龙去脉，愈对这座历经风雨的八角楼倍感兴趣，就愈想参观这原先的法国领事馆，想看看它的内部结构到底是怎样的。昔日的八角楼，或者说原先的云参政堂系双砖盖瓦结构，中间为两层楼房，呈八角状。其楼格局紧凑，走廊宽阔，既保持了西洋建筑内屋开阔的特点，又吸取了南洋骑楼设有长廊的建筑优点。现在所看到的三层楼房，是后人在两侧及前面增设的附加建筑，虽然附加房屋使原来房屋布局稍有改变，但还算是基本保留原有的建筑风貌。

据了解，购买八角楼之后，云氏族人仿照广州云参政祠的模式，使新设立的云参政堂成了海南云氏后裔饮水思源、缅怀祖德、联络族谊的活动场所，成了为海南云氏子弟来海口读书提供食宿、为海外宗亲过往海口提供方便的活动场所。

20 世纪 20 年代末 30 年代初，云参政堂曾是琼崖地下党从事革命活动的秘密联络据点。据有关资料介绍，中共海口市委委员云昌江曾住在云参政堂，因叛徒告密被捕而惨遭杀害。

日寇侵琼，占领海口，云氏族人星流云散，云参政堂无人管理，房屋财物损失殆尽。直至日寇投降，云参政堂物归原主，云氏宗亲的活动恢复正常。其间，曾任海口市政府领导的云氏族人和曾任陆军中将的云氏后裔曾一度居住在云参政堂。1952 年，此处云氏家族房产由军事管理委员会接管，其后物换星移，房产辗转多次，后来作为新华区政府办公楼。

1983 年，海口市人民政府曾拨款对此处历史建筑进行保护性修复，并列为市级重点文物保护单位。的确，作为海口老街幸存的为数不多的历史建筑，云参政堂有较高的建筑艺术价值和文物保护价值。与附近的老街老房一样，它见证了海口城市发展历史，是历史文化名城极为宝贵的人文财富。1997 年 7 月 30 日，海口市

海南云氏会馆匾额

人民政府将房产发还云氏宗亲。从此，"云参政堂"更名为"海南云氏会馆"，海南云海公益基金会就设在会馆三楼。

侨领云竹亭

由于云从龙在粤琼两处为官，云氏子孙也分居海峡两岸，是粤琼望族。上文提到的筹款购买法国领事馆的旅泰侨领云茂修，他是20世纪闻名华泰的著名侨领和卓有成就的企业家。云茂修是旅泰云氏的第二代，他支持辛亥革命，是中国同盟会的骨干。茂修兄弟及子侄，在泰国政坛影响深远，曾有"部长家族"之称。

1988年清明节，古稀之年的泰国财政部前部长云逢松先生应国务院侨务办公室邀请，率领泰云氏大宗祠亲友团一行60多人，回穗返琼，省亲扫墓。异国游子归里，乡情族谊感人，云参政堂所体现的是云氏家族的凝聚力。

从法国领事馆到云参政堂，一幢八角楼凝聚着云氏旅泰宗亲的深情厚谊。他们把爱家乡爱宗族的满腔热情化为云参政堂的一砖一瓦，构筑了代表宗情族谊的云氏大厦。从云参政堂到云氏会馆，这幢用乡情构筑的大厦，尽管历尽风雨，依然不改初衷，依然履行敦宗睦族的职责，依然笑迎云氏父老兄弟。

一个城市的历史建筑，说到底就是这座城市的文化视点。从云参政堂到云氏会馆，这中间起伏跌宕的变化，从表面上看是一家一姓的宗族文化，从本质上看是一街一区的地域文化。一家一姓，一宗一族，从表层看是小小的宗族社会，但放在较大的空间，从海南到广东，从国内到国外，那么无数的小宗族就构成了一个大社会。

从云参政堂到云氏会馆，所反映的虽然只是一个宗族的和谐，但也从一个侧面反映出一个大社会的和谐，也反映了民主社会的人文关怀。而这种人文关怀，反过来又促进了一个城市、一个地区和一个国家的和谐。

中共琼崖一大遗址

海口历史文化名城，人文遗址不少，可是称得上一大旧址的，只此一家。

"一大旧址"，全称是"中共琼崖第一次代表大会旧址"。2001年，琼崖一大旧址被国务院公布为全国重点文物保护单位。2006年，中共琼崖第一次代表大会旧址被列为国家级保护单位。2014年，琼崖一大旧址被列入海南省第一号文物保护单位。

一大旧址位于解放西路竹林街131号，原是邱氏祖宅。院内二进三间，中为厅堂，两侧为卧房，东西是厢房，均为砖木结构。其间，各有相应庭院互相通连。整个大院围墙环抱，北面开门进出，西边有水井，东边有花园，古木森森，绿叶蓬蓬，亭亭如盖。总占地面积1793平方米，建筑面积994.26平方米，是典型的海南四合院式民居。

纵观邱氏大院，布局合理，环境优美，房舍别致，通道回转，方便安全。大门顶端横匾镶着"燕翼诒谋"四个正楷大字，表达的是老主人邱爵一深谋远虑，期望"百年老屋，飞燕来去，妥善谋划，子孙安乐"的传统思想，是几千年来中国人安居乐业的情怀。

岁月流逝，城市蜕变。立宅之初，现在大院处于海口所城的郊外，周边茂林修竹，幽深静寂，故尽管如今城市拓展，街道延伸，大院已处在街市的团团包围之中，但人们依然称这处为"竹林里"。一个世纪过去了，当年栽种的盆架树正以旺盛的生命力迎接百年诞辰。

立宅之初，邱爵一根本无法想到自己精心构建的邱氏大院会点燃琼崖革命火种，会因此诞生"中国共产党琼崖地方委员会"，并因此成为中共琼崖第一次代表大会旧址，在中国革命史上写下琼崖革命史浓墨重彩的红色篇章，儿子邱秉衡也因此成为革命功臣。

邱秉衡也无法想到，2001年，中共琼崖第一次

中共琼崖一大旧址

代表大会旧址整修，首间平房厅堂陈设一大会址遗物，两侧厢房墙壁悬挂中共琼崖一大代表的头像及生平简介；后间平房及东西厢房悬挂《中共琼崖地方组织的光辉历程》图片展览，他们父子会被怀念。

邱爵一，广东梅县人，老宅修建者。他壮年南下，经营盐业，颇有清誉，是当年海口的开明绅士。邱爵一生性善良，同情支持民主革命。1901年儿子邱秉衡出生，在父母亲的抚爱中长大，毕业于广东省立第六师范学校，与早期参加革命的妻弟叶文龙志趣相投。

1922年，邱秉衡考入上海大同大学，读书期间联合琼籍青年，成立旅沪青年联社，并组织出版月刊《琼崖旅沪青年》，支持革命活动。后承父业经商，以商人身份，资助、救护琼崖革命斗争。1924年，邱秉衡将宅院提供给琼崖中共党组织作为革命活动联络点。

1926 年 1 月，国民革命军渡过琼崖，推翻了盘踞海南的军阀。同时，中共广东区委也先后派王文明、罗汉、冯平、罗文淹等一批共产党员和共青团员到海口开展建党活动。琼崖党组织的发展为中共琼崖地方组织的建立创造了条件，同年 6 月，由广东区委特派员杨善集指导，中共琼崖第一次代表大会在竹林里 131 号邱氏大院秘密召开。

这是琼崖人民革命斗争史上具有划时代意义的重大事件，它标志着海南人民的革命斗争进入了一个新的阶段。其时，参加会议的代表有王文明、冯平、许侠夫、周逸、何德裕、李爱春、黄昌炜、陈三华（女）、陈垂斌、罗汉等，代表全琼党员 240 多人。

中共琼崖第一次代表大会会议由王文明主持，杨善集传达中国共产党第四次全国代表大会精神和广东区委的指示，大会分析了全国和琼崖的革命形势，讨论了琼崖党组织的主要任务，并通过了关于职工运动、农民运动、政治工作、军事工作等的决议。

这次会议选举产生了中国共产党琼崖地方委员会（简称"中共琼崖地委"）领导机构，王文明、罗汉、冯平、许侠夫、陈垂斌、黄昌炜、罗文淹、柯嘉予、何德裕、李爱春、陈三华、周逸、陈德华等当选为地委委员，并做了具体的分工，王文明任地委书记。

中共琼崖一大的胜利召开，对于当时及之后推动琼崖革命的迅速发展，都具有很大的作用，在琼崖新民主主义革命史上具有伟大的历史意义。邱氏老宅由此成了中共琼崖第一次代表大会旧址、海南共产党组织的诞生地。

中共琼崖一大胜利召开，邱氏老宅成为当之无愧的琼崖革命斗争 23 年红旗不倒的策源地。从此，琼崖革命事业有了一个坚强的领导核心，确立了王文明任地委书记，罗汉、杨善集、罗文淹、冯平等为早期领导人。从此，琼崖人民在中国共产党的领导下，掀起了波澜壮阔的大革命高潮，琼崖革命火种开始播向全岛，为坚持孤岛奋战奠定了革命基石。

有意思的是，琼崖警备司令部也于 1926 年夏在海口成立，司令部设在今大同宾馆，与竹林里邱氏老宅仅隔一箭之地。当年，警备司令部兵力充足、装备优良，可是警备司令做梦也不会想到，中共琼崖第一次代表大会就在不远的邱氏老宅召开，危险之地成为最安全之地。

会议期间，邱秉衡以主人的身份，既负责联络，也站岗放哨，尽一己之力，做好各项服务，确保与会代表安全，为中共琼崖第一次代表大会的顺利召开做出了不可磨灭的贡献。

1927年，琼崖"四二二"反革命政变，一时乌云密布，带来白色恐怖、腥风血雨，虽然共产党人和革命人士已转入农村，但邱秉衡仍以邱家大院作为党组织秘密联系点，接收上级指令，传达行动计划，出资雇工收殓烈士尸体，想尽一切办法营救共产党人和革命同志。

当时，中共琼崖地委委员兼组织部部长陈德华被捕入狱，邱秉衡毅然出面，担保出狱，并用商船送到广州湾转道香港，让其安全抵达上海。这事引起了国民党琼崖当局怀疑，邱秉衡多次被传唤审问，然而他临危不惧，以经商为借口，沉静应对，让营救行迹始终保密。

老屋"燕冀诒谋"横匾

在此同时，邱秉衡还以邱家聚益号店铺为掩护，出资购买、转运枪支弹药，接待来往革命同志和治疗伤病同志，武装东方、昌江等县农民武装队伍。

1937年，琼崖国共两党举行谈判，国民党琼崖当局背信弃义，暗中逮捕中共琼崖纵队谈判代表冯白驹。邱秉衡打探敌情，探听消息，配合琼崖特委，联合海口市商界人士以及海外侨胞共同上书，抗议国民党琼崖当局卑鄙行径，让敌人不得不释放冯白驹。

1939年2月，日寇侵琼，海口沦陷，邱秉衡携家眷离琼，避祸香港。危难时期，他与澳门的杨柏南先生合资，经营恒安盐号，以此做掩护，全力资助共产党领导下的澳门工商俱乐部，组织救济队，救济难民，接送抗日负伤的革命同志前往澳门镜湖住院治疗。

抗日胜利后，邱秉衡与杨柏南先生商量撤资，离开澳门，返回广州合营生泰堂。海南解放前夕，他将生泰堂盐馆的合资调回海口，在聚益号旧址开设建元行百货商店，仍以经商为掩护收集枪支弹药，设法转运给琼崖纵队，为海南解放做出贡献。

1950年5月，海南解放，邱秉衡将竹林里131号大院交给人民政府使用，先后成为南下部队、海口市政府和海南区机关办公或住宿点。随后朝鲜战争爆发，邱秉衡投身"抗美援朝，保家卫国"斗争。他积极响应"捐献飞机大炮"

邱秉衡

的号召，带头捐款，全市工商界仅一次就捐购一架"海口市商界号"战斗机。之后，又数次发动商界认捐，带领海口市商界共捐款19亿9000万元（旧币）。此外，抗美援朝期间，邱秉衡还主动送女儿邱宏芬参加中国人民志愿军。

1954年，邱秉衡审时度势，积极参加资本主义工商业社会主义改造。他带头把家庭资产建元行献给国家，支援家乡建设。在邱秉衡的带领下，海口市资本主义工商业改造工作顺利推进，取得全面胜利。邱秉衡为党为人民做贡献，党和政府给了他应有的荣誉。

一大旧址，凝结着邱氏父子的心血，铭记着琼崖革命斗争的红色历史。后来，邱秉衡历任广东省工商联会副主委，全国工商联会执委、财务审委会副主任，海口市第一、第二届人民政府副市长，政协海口市第一届常委，中国民主建国会海口市第一任主委等职。

百年春秋，邱氏大院历经风风雨雨，迎来了改革开放新时代。它在琼崖革命史上树起了一座红色丰碑。从普通民居到海南人民乃至全国人民瞻仰纪念的革命遗址，正好吻合主人"燕翼诒谋"的初衷，同时彰显邱氏"瑞日芝兰香宅地，春光棠棣振家馨"的殊荣。

红色儒逢村

　　儒逢村，位于海口市龙华区遵谭镇东谭村委会，是海南革命根据地之一，海南最早建立农村红色革命政权的村庄。革命战争时期，儒逢村有8家堡垒户，10名革命烈士。

　　1940年11月，中共儒逢村党支部在敌占区儒逢村成立，第一任党支部书

儒逢村党支部于1940年11月成立

儒逢村榕树

记冯业山。党支部有冯宗栋、冯家教、冯业寿等十几名党员，是海南较早成立的农村党组织之一。

当年，根据中共琼山县委的部署，东谭党支部主要负责五项工作：组织动员广大人民群众开展抗日斗争；为琼崖纵队筹备和运送粮食、弹药等物资；接应和协助琼崖纵队开展对敌斗争；宣传抗日主张，破坏日寇设施，收集敌军情报；动员青年参军支前。

在中共琼山县委的正确领导下，党支部书记冯业山负责全面工作，冯宗栋任宣传委员，冯家教任组织委员；党支部围绕五大任务，带领全体党员积极开展工作，取得了突出的成绩，受到了琼山县委和琼崖纵队领导的表彰，党支部书记冯业山被评为人民功臣。

1941年3月，在时任乡长的领导下，党支部成立以冯宗栋为队长的"青年敢死队"，配合县委，扰乱敌寇。十几名队员连夜到卜因坎、弄门旧村、美仁坡和美昌公路，将日军据点椰子头到美万铺的电话杆捣毁，将电线剪断，破坏通信设备与交通设施。

1942年5月，按照上级批示，党支部组织冯业兴、冯宗栋、冯业寿、冯家义、冯业志等十几名革命青年组成支前担架队，出色地完成了支前任务。这一仗击毙敌寇40多名，击毁军车5辆，缴获枪支、弹药等一大批军用物资，东谭党支部因此受到县委表彰。

1943年10月，驻扎在美万铺（今遵谭墟）的日军实行"三光"政策，强迫群众修公路，冯宗栋装作"良民"参加修路，从中获取了十多名日军携带一挺重机枪、十几支步枪负责巡逻的重要军事情报，使琼崖游击队掌握有利时机，在伏击战中全歼日军巡逻小队。

敌寇屡遭打击，恼羞成怒，实行联村联防政策，宣布了所谓"当匪者杀，藏匪者杀，接济匪钱粮者杀，为匪带路者杀，为匪制造谣言者杀，为匪送情报者杀，送子参匪者杀，知匪行踪不报者杀，为匪接济病伤药品者杀，违禁上山者杀"等"十杀禁令"。

革命同志无视"十杀禁令"，儒逢党支部的冯业山、冯宗栋、冯家教、冯昌民、陈仁恩、王定川、吴世锦、吴亭姌等8位党员的家庭组成的堡垒户先后接纳过琼崖纵队副司令吴克之、大队长张世英和琼山县委领导陈介山、陈其美、谢一政、欧德修等革命同志。

琼崖纵队政委冯白驹同志说过："（革命）不是山藏人，而是人藏人。"除接应革命同志之外，东谭党支部还完成了购买生铁、生铜送到儒万山制造手榴弹和地雷的任务。冯业春、冯业炳等同志就是在传递革命情报、转送军用物资的斗争中成了光荣的中国共产党党员。

党员陈仁恩以生产经营米粉为掩护，他的家成了交通联络、交换情报的据点。尽管家庭生活并不宽裕，但他无怨无悔，自觉地承担起琼山县委召集紧急会议、执行紧急任务的革命同志的食宿；时任乡长的孙应保、钟孝保时常带领革命同志到他家住宿和用餐。

儒逢村是红色村庄，革命志士经受了抗日战争和解放战争的血与火的考验，有10名党员献出了宝贵的生命，被广东省和海南省人民政府追认为革命烈士。他们分别是冯业兴、冯业顺、冯业香、冯中贤、冯业明、冯业裕、冯家有、冯中模、陈仁训、王文金。

　　冯业兴烈士，解放战争时期曾任营长，在乐东县九所同国民党军队作战中英勇牺牲；陈仁训烈士，解放战争时期任大队长，在保卫澄迈美合革命根据地的战斗中英勇牺牲……他们的革命精神已载入光辉史册，革命先烈永垂不朽。

　　从1940年11月儒逢党支部成立到1950年海南解放，短短10年，为赢得抗敌斗争的胜利，儒逢党支部动员冯业兴、冯业炳、冯业春、冯中轩、陈仁训、陈仁贵、陈妚祝、冯业志、冯中秀、冯家秀、冯业寿、冯中余、冯业香、冯中顺、冯中贤、冯业明、冯业裕、冯家有、冯中模、缪业昌、缪业福、王定魁、彭德英、彭大奇、王文全、梁振亚、冯中俊、冯中寿、冯中显、冯家俊、冯中邻和吴琼春（女）等32名东谭优秀儿女参加部队，奔赴前线。

　　1950年5月，海南解放后，儒逢党支部积极响应党中央"抗美援朝，保家卫国"的伟大号召，深入农户，宣传发动，先后有陈仁兴、冯中范、吴应文、冯中桐、蔡甫安、彭德魁、黄坤儒、王明敬、王养学、吴乾昌、袁达祥、袁达以等12名优秀青年踊跃参军。

　　无论是革命战争年代还是社会主义建设新时期，儒逢党支部始终高举党的

积极开展对敌斗争

仁台村瞭望台

伟大旗帜，80年（至2020年）党旗飘扬。儒逢党支部先后有10任党支部书记为农村党的建设做出积极贡献，他们是冯业山、冯宗栋、黄清深、王位信、冯中秀、冯中金、王济兴、王文进、冯和丽和王位财。

80年沧桑岁月，10任党支部书记和全体党员，他们经历了抗日战争、解放战争、土地改革、农业合作化运动、人民公社化运动、改革开放和建设小康社会等伟大变革。尽管岁月流逝，形势变化，但党的组织原则永不改变，党支部始终是农村革命斗争的坚强堡垒。

从儒逢到东谭，党支部的革命历史值得骄傲和自豪。多年来，上级领导非常关心东谭党支部的组织建设，省、市领导多次深入东谭调查研究和指导工作。东谭不仅是海南省文明生态村示范单位、军民"双拥"共建先进单位，而且是海南省"十大文化名村"之一。

发挥党支部的战斗堡垒作用，引导党员发挥先锋模范作用，以推进村级民主管理为切入点，建立和健全村民会议、村民代表会议、村委会办公会议制度等工作制度，实行村务公开制度、财务公开制度，用制度来规范管理，重要事项的决策接受广大村民的监督。

围绕国际旅游岛建设，东谭党支部把党建工作摆到更加重要位置。时年

96 岁（2019 年）的儒逢村老党员冯宗栋说："我们要对得起在革命战争年代英勇牺牲的同志，对得起党中央，对得起全村父老乡亲。"在 80 年的革命斗争中，老同志始终发挥了共产党员的模范带头作用。

人心想变，群众想富，干部带头，形势大好。走出东谭，目光向外，开阔视野，谋求发展。两次外出，大开眼界，大有收获。今日东谭，党支部高举改革创新的大旗，纵观全岛各市各县各镇各村，纵论东谭村委会小康建设大计，党支部对未来发展达成了共识。

光荣的革命传统，坚定的革命信念，坚强的领导核心，勤劳的干部群众，大家心往一处想，劲往一处使，发展环境有了很大的改善，村庄面貌发生了很大的变化。大家一致认为：小小东谭，空间有限，文化无限；资源有限，要素无限；人员有限，潜力无限。

在新的历史发展时期，农村党组织建设如何创新争优？如何带领全村群众在小康建设中先行一步？如何在推动文化大发展大繁荣的大背景下有效促进文化遗产保护与人的发展？如何在建设海南国际旅游岛的大背景下把资源综合优势转换成乡村发展优势？

东谭党支部深入贯彻落实科学发展观，坚持重大事项决策"四议两公开"（"支部提议""'两委'商议""党员大会审议""村民会议决议"和"决议公开""实施结果公开"），充分发挥党员先锋模范作用，依靠群众，服务群众，通过全村土地整合，高起点推进农村经济结构调整，创新海南国际旅游岛乡村旅游发展模式，推进乡村度假旅游的改革探索。

树立新观念，建设新农村，创造新业绩。东谭党支部改革创新，锐意进取，他们下定决心，努力把东谭建设成"珠崖民俗文化乡村公园"，建成"阳光海口"的休闲胜地、"品位之城"的精神家园、"娱乐之都"的人文善地、"文化名城"的文明视点。

经济在发展，社会在进步，村庄在变化，儒逢贯彻落实党的十九大精神，围绕实施乡村振兴战略，按照"生产发展、生活宽裕、乡风文明、村容整洁、管理民主"的要求，正从红色村庄向"产业兴旺、生态宜居、乡风文明、治理有效、生活富裕"的绿色村庄迈进。

羊山血泪井

千里羊山，万年火山。山是"负火山"，俗称"火山口"。其山怪异，其势突兀，其状如锅，其形似井。造物主鬼斧神工，借天地日月之精华，冶炼了这么一口又一口"地锅"，凿就了这么一口又一口"天井"。上苍偏私，在这儿营造了天地间绝无仅有的地锅天井。

虽是地锅，虽是天井，且经日之晒、雨之淋、风之吹、露之润，石缝间已长出了大树，泥土中已长出了庄稼，火山已成了青山，羊山已成了花果山，但是，依然地锅无水，天井无水。总之，火山干渴，水贵如油；总之，羊山缺水闻名遐迩，羊山古井闻名遐迩。

丹发井——海南第一深井

这是 30 多年前的说法——儒和村丹发井，创下了"广东第一深井"的称号。其时，海南尚未建省，区划隶属广东，丹发井以其开凿难度、井水深度、井道弯度、挑水险度居琼粤之榜首。

为什么叫丹发井？笔者遍访村民，不得而解。查《说文解字》，其文云：

丹发井石碑

"丹，巴越之赤石也，象采丹井，象丹形。"其意是否因其开凿艰险，像范成大诗"血指流丹鬼质枯"句，取其"血发流丹"之意？也许，这种猜测难以使人信服，亲历其境的村民便另起别名，于是便有了"裤裆井""田螺井"这些非常形象而又令人望而生畏、闻而战栗的绰号。

　　丹发井所在的儒和村原属于琼山市管辖，海口、琼山区划调整成立新海口后，儒和村划归龙华区遵谭镇遵谭村委会。为了亲眼看看这口"海南第一深井"，为了解读那些奇奇怪怪的井名，2007年6月9日，笔者一大早就驱车上路，直奔遵谭而去。

　　找到了儒和村，说是丹发井就在村边。可是，这"村边"——从村口到丹发井的距离却是一段好长的山路，海南最深的丹发古井就在路边的断崖峭壁下。只是经过历年改造，早已不是原来的样子。现在的丹发井，井道已经拓宽，可以并排走人，并已铺设台阶，两边还安上了扶手。道旁有一块"功高五岳，泽披群生"的石碑，记述了丹发井的改造经过。

据说，丹发古井人工开挖于明代，距今已 500 多年。碑文感慨：世事沧桑，无稽详考，舍古谈今，即时而论，该井之深被誉为广东之最。早先，井道盘旋，状如田螺；踏步狭窄，仅容半脚。从井底挑一担水到井口，要攀登 176个台阶，身强力壮者尚且气喘如牛，体衰力弱者就更不用说了。村民们说，每挑一担水，至少要半道歇三歇，才能勉强撑上井面。

更甚者是，挑水人半道相遇，无路可让，于是，古井中悄然上演了一幕"胯下之辱"的历史悲剧。也许，当地人并不知道韩信为什么要钻裤裆，而山村人却是为了一掬活命山泉去钻裤裆，而且他们并不以此为"辱"。为了一口活命水，上井的哪怕是小女人，也是自然而然地伸开双腿；下井人哪怕是大男人，也是小心翼翼地从裤裆下钻过……当然，那是属于上辈人的记忆，当时儒和村 70 岁的老村主任王家兴谈起往事，仍抑制不住心底的悲凉。

老人家告诉笔者，早先下井挑水，还得带上 10 多米长的绳索，下面要系着用橡皮做的打水桶。干旱之年，在井下一点一滴打水，好不容易打满两桶，才一步一步往上爬。后来，觉得如此打水实在不是办法，又想方设法打凿像田螺般的小道达井底。那条盘旋的小井道，不知凿了多少代，不知改了多少年。那 176 个上下井的被脚板磨得光滑的石阶，每一个石阶都浸渍着周边几个村庄村民的汗水和血泪。

时年 50 岁的儒和村民王海梅回忆起当年挑水时的情形，仍心有余悸。她说，上小学时挑水，井底黑暗，要拿手电筒照路。碰上枯水期，下井底舀水，好不容易舀了半桶水，又发愁不知如何挑上井面。常常是手脚并用，一手抓扁担，一手抓石壁，有时不小心水桶碰上井壁，水溢出来，急得直哭……听王海梅的叙述，好像她挑的不是井水，而是挑水人的泪水。

然而，比起摔死、摔伤的村民来说，王海梅毕竟是幸运的。老村主任告诉笔者，儒林村的妇女王月季曾摔倒在井道上，从此再也爬不起来了。那是 20世纪 60 年代的困难年月，缺衣缺吃又缺水，王月季饿着肚子到丹发井挑水，家人等水等了好久，等来的却是噩耗。

与儒和村毗邻的儒洪村，因为缺水而搬迁别处，如今原址已成了荒废村庄。可是，尽管村子搬迁，但悲惨的故事却难以湮灭。儒和村村民还记得，当年儒洪村王天和的妹妹挑水摔倒昏迷，哥哥抱起奄奄一息的妹妹，一声声撕心裂肺的哭喊，很远的地方都能听到。幸好哥哥那揪心般的呼叫，很侥幸

丹发井神庙

地把妹妹从鬼门关前唤了回来。

然而，冯学裕却没有王天和那么幸运，他的妻子袁氏挑水时失脚滑倒，他虽然迅速下井抱起，可是千呼万喊，妻子却永远闭上了双眼。村民忆起往事，神情沉重。冯学裕的儿子、现年 55 岁的冯推连恰好也在一旁，他说，大妈死后，父亲娶了他的母亲，每次母亲去挑水，父亲总是提心吊胆，一家人老是为一桶水而神色怆然。

水是生命之泉。可是，为了一口水，丹发井却无情地夺走挑水人的生命。

虽然挑水有生命之险，但是人们不得不冒险，也不怕去冒险，就怕丹发井滴水全无。村民们说，丹发井不是过冬井，每年秋冬井水干枯，要到儒楼村的美立丹井或珠崖神岭下的养生井去挑水。那是另一条艰险的挑水道路，不仅照样要爬 100 多级石阶，而且还要走好几里远的山路。

好在历史已翻开了新的一页，儒和村、儒冯村村民从此再也不用忧水、愁水了，碑文记下了村民生活的新变化。新中国成立后，党和政府多次拨款加深水位和改造井道；海南建省后，特别是海口市区划调整之后，丹发井的彻底改造提上了议事日程。

丹发井石碑上书有一副对联："饮水思源，夏禹犹逊共产党；铭文勒石，青史永垂盖世功。"仔细看碑文上的内容："海南椰树集团全力资助，于 2003

年 1 月 22 日在儒和村钻打一口深 150 米的机井，村民将该井命名为'椰树井'。龙华区政府拨专款建起 100 吨水塔，使儒和、儒冯两村人民饮上甘甜的泉水，告别世世代代缺水的历史……"

儒和村村民虽然告别了缺水历史，但羊山大地却永远不会忘记，丹发井（田螺井、裤裆井）的血泪历史。

美立丹井——遵谭女儿的血泪井

美立丹，一个富有诗情画意的水井名字，一口令人爱恨交加的遵谭古井。早在 19 世纪中叶，遵谭建圩集市之初，全靠这口水井滋润一方圩镇，滋润 28 个村庄干渴的灵魂。

祭井神

从遵谭镇到美立丹井，抄近道也有几里路，即便是离得最近的儒楼村，挑一担水也得半个多小时。尽管如此，周边的村民仍然羡慕儒楼人得天时地利，捡了个"近水台楼先得月"的大便宜。可是，儒楼村村民却不这么想，他们把这口活命井称为"夺命井"，这口井打上来的既是甘甜的泉水，也是遵谭女儿苦涩的血泪。

都说羊山地区苦旱

缺水，都说羊山村民唱的是"滴水贵如油，嫁女数水缸"的歌谣，可是儒楼村村民家里并没有那么多水缸，也不需要花钱买那么多水缸。民间所谓"水缸看屋檐，屋檐望蓝天"的歌谣，唱的并不是儒楼村。村民家里也有水缸，但大多是用来盛井水而不是望天接雨水。尽管挑水艰难困苦，但比起别的村庄，毕竟要方便得多。岂止儒楼一村，即便是离美立丹井稍为远一点的几个村庄的百姓，也比那些远道而来挑水的村民要有"福气"。

2007年夏，为了感受儒楼村村民当年的"福气"，笔者顶着如火的烈日，跟随遵谭文化站蒙站长，顺着石头铺就的山路，拨开横曳挡道的荆棘，一行挥汗如雨，一路寻寻觅觅，终于找到了美立丹井。

找古井不容易，走下古井更困难。自从钻了机井，遵谭镇居民和周边的村民已用上自来水，美立丹井完成了自己的历史使命，早已废弃不用，很多年轻人并不知道遵谭有这么一口井，更不知道美立丹井有过惊天地泣鬼神的悲惨故事。

好多年没有人上下井道，井径已被杂草藤萝遮掩，没有站长指引，根本看不出这里有一口古井。看来，老天爷有意呵护这口古井，并不想人们再提起美立丹井的惨痛历史。

小心拨开井道口的藤棘，轻步跨过立在井道口的石柱，每一步都有挡道藤棘，要想走下这口几乎已为人们所遗忘的古井，真是煞费功夫。然而，既为探访美立丹井而来，再难也得下去，去看一看庐山真面目。

越往下走，井道越暗，杂树荫翳，藤棘蔽日。一边小心下行，一边数着台阶，往下数到90个台阶时，丝丝凉气扑面而来，溽暑消失，神清气爽。再往下数，到120个台阶时，光线越来越暗，隐隐约约看到，井道被乱石堵塞了，井口被严严实实封死了。

封死了井口，却封不死关于美立丹井的血泪历史。因为水，因为井，因为父母之命媒妁之言而导致婚姻悲剧，先后有12个遵谭女子跳进美立丹井，最多的一次有7个女子集体投井。年轻的生命被美立丹井吞噬，悲剧轰动千里羊山，美立丹井成了血泪之井，死亡之井！

在去美立丹井的半道，我们碰上了沃梧村的周贞孝老人。他们老两口在地

美立丹井

里除草，我们向他了解遵谭女子跳井自杀的情况。老人已届耄耋之年，他说，遵谭地区风俗，出嫁女子大年三十要先回娘家过年，然后才回夫家守岁。他知道日本侵琼那年除夕，有7个女子跳井自杀，但不了解详情，只知7人之中有3名是儒楼村王姓女子。

时年78岁的周利臻老人恰好也在一旁，他告诉我们，那时他还小，他母亲每天都挑水到咸谅圩卖，有人投井，水挑不成，断了生计。从母亲口中，他了解到那些女子是用腰带缠绑在一起跳井的。母亲还告诉过他，村民用竹竿捞起尸体后，买了100斤盐投入井中，又照样吃水了。后来，他去美立丹井挑水，每想起跳井的事，心头总禁不住害怕。

从美立丹井到咸谅圩，少说也有5千米的路程。听说上下井挑一担水到咸谅，来回至少要半天时间，所卖仅得20个铜钱。那是日本侵琼以前的事情了，那时候还没有遵谭镇，周边村民买油盐酱醋都要到咸谅去。儒楼村土地贫瘠，可卖的只有美立丹井中的泉水，而咸谅圩缺的就是水，所以尽管挑水卖水很辛苦，但仍为别村人所羡慕，儒楼村的女子因此也不愿嫁到远离水井的山村。

在儒楼村，笔者采访了时年81岁的王宗禄老人。他说，在那7个跳井的女子中，他知道有4个是儒楼村的姐妹，老人很不情愿地回忆起那段令人伤心的往事。王宗禄说，一个是嫁到儒逢村的王宗坊的二女儿，一个是嫁到安久村的王宗禹的三女儿，一个是嫁到儒落村的王圣世的妹妹，还有一个是嫁到仁里的王宗福的妹妹……笔者沉痛地记下这4位苦难女子的苦难往事。老人还告诉笔者，王圣世有个女儿嫁到永兴镇儒本村，前几年回来，谈起姐姐的屈死，往事历历在目，禁不住老泪纵横。

问起投井自杀的原因，老人显得没好声气："为什么？很简单，吃饭、穿衣，挑水、种地……"是啊，因为吃水，因为生活，因为情感，因为封建婚姻，因为家庭暴力，她们每个人都有压在心头难以排解的冤屈，每人情况并不相同，但除夕之时她们互诉苦衷之后，却选择相同的方式了却生命。

几十年过去了，王宗禄老人已记不起另外 3 位女子的姓氏。至于另外几名投井女子，并不是本村人，是从别处来投美立丹井而死的。写到这里，笔者禁不住伤感落泪。

"为什么要投美立丹井呢？"老人自言自语，他的话没人回答，也无法回答。都说水缸是财富，可死者夫家并不缺少水缸。但是水缸再多，也要靠天下雨，也要望天接水，而且接的、存放的也是咸涩的雨水。也许，投美立丹井而死，就是为井水而死，为水缸而死。

这是一次非常沉重的田野调查，这番调查只能到此，不能再深入下去了。合上笔记本，默默地说一声：冒犯了，我所不认识的苦难的前辈，但愿不因此番田野调查的往事重提而亵渎含冤衔屈几十年的亡灵，也希望曾受这口井滋润的乡亲更加珍惜今天的幸福生活。

马房村与居仁坊

　　居仁坊，位于海口所城之内，原先叫"马房村"。明清时期，这里与千户府、参将署对面，是马厩的所在地。马厩，位于海口所城西门，是当年千户府、参将署官员安顿马匹的地点，亦叫作"马房"。于是，人们把居住在马房村的叫"马房人"。

　　往事越千年，明清时期不知有多少骏马从琼州府城疾驰到海口所城，但知道府城有"马鞍街"，城郊有"冼马桥"，南渡江有"司马坡"……当年，安顿马匹的地方也很多，但老一辈人如今仍然叫此处为"马厩"，这里曾是"马房村"，清代便改名为"居仁坊"。

　　当年的坐骑早已跑进了历史的长河，"马房"已经成了海口的历史印记。这是文明城市的人文记忆。现代城市再发展，也离不开马路、马力等与"马"相关的内容。城市文化如果离开马到成功的精神实质，历史文明将黯然失色，文明城市将失去活力。

　　其实，作为海防军事设施，明清时期的千户府、同知署等曾在这里驻扎。当年，即便是武官也粗通文墨，把近邻居所称为马房村有失风雅，于是便改名为居仁坊。这是一种文化追求，一种文化自觉，一种文化自信，一种文化力量，是城市文明进步的力量。

这是现代海口的肇始地，城市文化的发源地。1924年拆除所城，扩建街区，相继建起博爱路、文明路、新华路和新民路等街道。从居仁坊到居仁坊社区，街区发生了翻天覆地的变化，但永远不变的是对"仁"的崇尚与坚守，是居仁地，行仁道，是"首善社区"。

地名是城市历史的人文符号，是街区文化的精神风貌。居仁坊是"仁"的集聚，除了海口所城历史遗址之外，还有中山纪念堂、关帝庙和太阳太阴庙等历史文化遗存。今

居仁坊

天，海口城市"双创"赋予居仁坊以全新的文化意蕴，古老街区正焕发城市文明内生的原动力。

马房村紧挨着西关内——这是历史地名，即"西门城关之内"。西关，随着所城拆除已消失在历史风雨之中，而位于西关内的关帝庙，却穿越岁月的烟云保留下来。由此看来，海口的老街老巷文化有很强的包容性，这座明代古庙就是历史文化的鲜活见证。

西关内关帝庙，原叫西禅庵，建于明万历年间（1573—1620年），外祀关羽，内奉菩提。《西禅庵福田碑》记载，该庙历经修葺，香火鼎盛，清康熙二十九年（1690年），信众曾集资购田产充当香火费用。后来，信众渐多，经费不敷，民国十四年（1925年）又集资购铺面一间三目出租，租金供住持及香

火之需。民国十六年（1927年），海口市政厅"折关建街"，西禅庵拆除了大部分，仅剩一殿供奉关帝。当年，这里是中共琼崖特别支部的活动场所。

尔后，破四旧，立四新，又经"文化大革命"，铲除封建流毒，西禅庵紧闭大门，关帝被搁置一旁。然而，传统文化"孝悌忠信礼义廉耻"的影响并未消失，终于，在1989年春，庙宇重修，圣像重塑，并在此基础上逐渐拓展完善，使之成为祭拜华夏武圣的文化圣地。

居仁坊是有故事的历史街坊，是富有文化包容的人文街坊，是国家历史文化名城，是有意蕴的文化街区。其间，位于街市深处的太阳太阴庙是一个富有价值的文化视点。

居仁坊也是华侨社区，其间的吴氏大院是清末民初的标志性建筑。吴氏大院，百年故居，雅号"春山寓庐"，俗称"番客老宅"。大雅寓庐，卓然独立街区，旁观滨城风云；大俗老宅，闹中取静，阅尽海口春色。从外观来看，此屋是随俗建筑；然而，进里头看，此宅十分雅致。主人吴世富，侨居新加坡，是他含辛茹苦，竭尽乡情乡思，建成如此房舍。

如果说，骑楼是历史文化名城街区的人文视点；那么，吴氏大院则是历史名城的文化亮点。那隐藏于围墙之内的中西合璧的建筑小品，它的风格，它的材质，它的构架，它的形态，它的品味，它所独有的城市转轨时期建筑的

西禅庵

丰富性、艺术性，使骑楼老街相形见绌。

百年厅堂，依然高雅；百年地板，依然锃亮；百年照壁，依然本色不改；百年门户，依然守护庭院，依然开合自如，依然坚守职责。尽管历尽沧桑，吴氏大院依旧傲然屹立。"番客老宅"是现代海口对外开放的历史产物，吴氏大院是历史街区著名的人文建筑。

城市的本义是城中有市，而最早的"市"，就是设在井边，互通有无，或以物换物，或以钱币购买。称之为"市"，即"买卖"的原意。而"龙井"，则是居仁坊的一口水井。

海口原本是一座水城，水汽淋漓，挖井吃水。

老子云："上善若水。"居仁坊的龙井，深不可测，清泉直涌，意义深远：那是"仁"的象征，是"义"的宣示，是"道"的法则，是"德"的体现，已超越古老市井的原本含义。

居仁坊的先辈留下传言，说是饮龙井水，精神极佳，百病皆除。相传，当年井边立有一方石碑，碑刻清代高僧浩澈《龙王井》诗，诗曰："绿流深处喷青莲，一脉香流透碧天。短策笑看崖壑冷。白云飞处饮龙涎。"岁月流逝，石碑消失，龙井的故事仍然留传。

龙井有一副有趣的对联，联曰："无波古井水，有节秋竹竿。"

旁有小字题颂："古井无波，闾里尚善，居仁有道，行止合义。"

居仁坊历史悠久，文化蕴涵丰富，历史遗址较多，其中"中山纪念堂"最有价值。

当然，居仁坊文化遗存远远不止这些，如果做一番文化探访，将有新的发现。其实，又何止居仁坊，在众多历史文化名城的著名街区，勤劳的市民创造了辉煌的历史文化，每一个角落都有尚未为人所知的文化故事，其间的人文财富绝不容浅尝辄止，需要不断深入挖掘。

苍东苍西英雄树

木棉树，先开花后长叶，花朵开满树，红艳如火焰，是人民心目中的英雄树。柳亚子《追忆张秋石女士》诗："一恸神州万涕哗，南天忍见木棉花。"张秋石女士在大革命时期英勇牺牲，柳亚子把革命烈士喻为英雄花，并自注："木棉花一名英雄树。"

对此，《人民日报》曾刊文说："在海南岛，有一种树叫英雄树。这种树挺拔、向上、开起花来，像满天的红云。人说英雄树有一种英雄的性格，互相竞争着向上长。"海口市龙华区城西镇苍峄村是革命老区，那是革命村庄，是长着英雄树、盛开木棉花的村庄。

这个村子按自然地理分为两部分，后来行政区划调整为苍东、苍西村。苍东、苍西村有着光辉的革命历史传统，在革命战争时期，两村是海南开展农民运动最早的乡村。2018 年 11 月 15 日，笔者随《品读龙华》调研组，走进英雄村庄，参观苍峄党建历史陈列馆。

深秋的苍东、苍西村，天高云淡，阳光和煦，街市祥和。改革开放以来，城市化进程加快，原先人迹罕至的苍峄早已从荒败偏僻的城郊迅速发展成新开辟的繁荣街区。除了列入保护范围的革命老区——"老屋主"的石头房舍，苍东、苍西村早已旧貌变新颜。

苍东苍西英雄树

走进苍东、苍西村宽阔的街道，欣赏整齐划一的新崛起的现代化楼房，反观当年破败的石头房舍，行走藤萝缠绕的火山岩堆砌成的狭窄的巷道，使人顿生恍若隔世的感觉。可就是在这被今人遗忘的地方，率先树起农民协会的革命大旗，点燃琼崖革命的熊熊火炬。

苍东、苍西是海口最早建立基层党组织、积极开展和配合革命斗争的乡村。这个村子基层群众组织活跃，抗击日军侵略坚决有力，踊跃支援解放海南。村民以大无畏的勇气，与敌进行不屈不挠的斗争，留下了可歌可泣的英雄事迹，为海南解放事业做出了重要贡献。

如今，新建的"苍峂党建历史陈列馆"馆舍开阔，馆藏丰富，庄严肃穆。在柔和灯光的照耀下，按照一定的顺序参观陈列馆的客人，莫不被苍峂人民的斗争精神所感动。然而，参观者并不知道，苍峂的革命斗争历史是从毫不起眼的石头村落那黝黑的房舍里开始的。

请允许我穿越历史烟云，沿着时光隧道，按照年代顺序，向读者报告苍东、苍西村革命斗争的英雄足迹。

柯嘉予

吴乾修

1926年6月，中共党员柯嘉予、吴乾修、严献谟先后到苍东、苍西开展党的组织建设工作。在白色恐怖的日子里，他们悄悄进入石头老村，悄悄走进石头房。

昏晚的豆油，低矮的石头房，革命先辈促膝而谈，热情高涨。苍峄老百姓第一次知道中国共产党，知道1921年共产党在上海成立，知道中国共产党为国家统一、民族团结、百姓幸福而奋斗终身的革命宗旨。仿佛云开日出，人们奔走相告，互相传递这激动人心的消息。

党组织就像冬日的火把温暖苍峄村民的心。这一年的冬天，苍东、苍西村建立起农民夜校；1927年2月，苍东、苍西村党支部正式成立；同年4月苍西村农民协会成立，8月苍东村农民协会成立；并相继成立少年先锋队、儿童团、妇女会等群众组织。

苍东、苍西村党支部利用这些阵地，向农民宣传党的方针、政策，灌输革命道理，传授文化知识。1928年初，苍东、苍西村农民在党的领导下掀起打土豪劣绅的革命高潮……"红旗卷起农奴戟，黑手高悬霸主鞭。"（毛泽东《七律·到韶山》）消息传播开后，民众欢庆，海口国民党党部大为震惊。

抗日战争时期，苍东村党支部派出党员绕过日军封锁线，从安仁到永兴，将一台制造枪支、子弹的机器安全送到羊山根据地。苍东、苍西村党支部还组织青年农民组成担架队上前线救护伤员，动员青年参军，做好宣传，传递上级信件，组织一切力量支持抗日斗争。

解放战争时期，从1949年起，苍东、苍西村党支部在乡政府和府海特别区党委的领导下，迎接大军渡海作战，做好解放海南的宣传工作。一方面积极筹粮，发动群众把粮食送到苍西粮站；另一方面组织向导队、担架队、救护队和运输队，支援渡海大军登陆作战。

苍东、苍西村党支部带领群众在革命斗争中做出卓绝贡献，同时也付出惨重代价。至 1950 年海南岛解放前夕，苍东、苍西村有 33 人为革命事业献出宝贵生命。1953 年 5 月，苍东、苍西村被海口市人民政府命名为"革命老苏区"。

参观苍峄党建历史陈列馆，看锈迹斑斑的大刀、长矛、梭镖、土枪，遥想当年革命先烈就是凭此简陋的武器，与装备精良的敌人做你死我活的斗争。血与火的战斗虽然早已结束，但斗争的硝烟仍未消散，这些陈列的革命文物一直都在向游人讲述当年的残酷斗争。

让我们透过历史年代，探访坡崖战斗遗址，追述抗日战争时期那场异常惨烈的战斗。

坡崖位于海口市龙华区城西镇坡崖村，附近的苍西是侵琼日军的一个重要据点。这个据点控制着我党政军人员在羊山地区的活动，据点周围村庄的群众常常遭到日伪军袭击和伤害。

苍西据点，建筑牢固，设有花岗岩砌筑的炮楼，地形险要，周遭缠绕两层铁丝网，外围还挖 3 米多深、1 米多宽的壕沟。苍西据点炮楼，守军有日寇 1 个中队，70 多名士兵。作为重要据点，装备精良，有迫击炮、机关枪和长短枪六七十支，居高扼险，易守难攻。

明知山有虎，偏向虎山行。为了拔除苍西据点，消除敌人对我根据地的控制，琼崖抗日独立总队第一支队曾多次派员侦察，与苍西党员配合，迫近炮楼，了解敌情。同时，与中共琼山一区区委书记王国忠及苍西党支部具体分析，最后决定采取"引蛇出洞"的战术。

1942 年 3 月，琼崖抗日独立总

苍西村人民协会旧址

队一支队挑选 50 多名精干战士，携带 50 多支驳壳枪和机关枪并若干手榴弹，由大队长张世英率领，于深夜悄悄进入坡崖埋伏。同时，派出地下党员、白皮红心的维持会副会长张发皇到西苍据点向日军中队长夏本报告，说坡崖一带发现共产党抗日小股部队。日军信以为真，第二天早晨，夏本指挥日军倾巢出动，进入我埋伏圈。顿时，猛烈的火力愤怒扫射，日军被打得蒙头转向。经过半小时激战，歼灭包括夏本在内的日伪军 60 余人，缴获迫击炮 1 门、重机枪 1 挺、长短枪 35 支及弹药一大批，迫使日军放弃据点。

抗日战争时期，在苍东、苍西村党支部的发动和领导下，苍东、苍西村及其附近村庄的青年纷纷加入抗战行列。苍东、苍西村党支部在不断充实、扩大自身组织力量的同时，积极领导人民群众开展打击日本侵略者的革命斗争，为抗日战争的胜利做出了积极贡献。

解放战争时期，苍东、苍西村党支部积极投入宣传反对内战的革命斗争，组织人员刻印、散发、张贴传单和标语，抗议并戳穿国民党撕毁和谈协议、发动内战的阴谋。与此同时，苍东、苍西村党支部还深入敌人阵地，积极搜集到国民党内部的准确情报，摸清敌人的海防部署，并将这些情报及时向上级党组织汇报，为解放大军渡海作战提供准确敌情。

在苍东石头老村行走，很多祖屋门前贴着印有鲜红旗帜的黄色指示牌，这是苍东村有别于羊山地区其他村庄的一个显著标志。这是一段难以磨灭的历史，是苍东的革命历史。这些房舍怕有几百年的历史了，门口木板已经破败，只有那悬挂的黄色指示牌十分醒目。

"洪业兴，1927 年入党，原是一名教师，1927 年因国民党琼崖当局'清党'被迫逃往广州湾，后来与党组织失去联系。"

"庄士义，1923 年任苍东村党支部副书记，他家是村党支部秘密活动点，海口市原市长王建民等同志多次在其家中治病疗养……"

苏发煌回忆当年掩护同志撤离

"庄应壁，是村里唯一一位参加过五四运动的革命同志。"

"吴永珍，1927年入党，1937年被国民党民团打死。"

"吴用祥，1939年入党，1942年被日伪军枪杀。"

…………

战争年代，苍东村优秀村民投身革命，舍生忘死，气壮山河，英雄盖世。

党和国家没有忘记英雄。2011年底，龙华区人武部和苍东村委会在这些革命英雄的祖屋门前挂上了指示牌，让后人牢牢记住这些为中国人民解放事业做出不朽贡献的英雄。时代没有忘记英雄，市区支持老区建设，苍东村是符合《海口市农村村（居）民建设住宅规定》标准的第一村。全村集中建沼气池，村民100%用上沼气，这在全省农村实属首例。

2003年以来，苍西村筹资建设绕村道路，全村道路硬化面积达90%；全村建起了长约30米的文化艺术长廊。为解决广大农民群众"买书难、借书难、看书难"的问题，在全镇范围内实施"农家书屋"工程，苍西书屋藏书1200册，是市级生态文明示范村。

苍东、苍西民风淳朴，村民遵纪守法，和睦相处，是全市公认的无赌博、无吸毒、无盗窃、无斗殴、无计划生育外生育的"五无"村庄，是海南省第一批全国精神文明示范村。苍东妇女腰鼓队和老年合唱团，定期开展村民歌咏比赛，遐迩闻名。苍东村2005年被中央文明委评为"全国创建文明村镇工作先进村镇"；2010年被龙华区纪委确定为基础党风廉政建设示范点。

从革命斗争年代到改革开放的新时代，苍东、苍西村始终紧跟中国共产党，始终走在时代前列。就像海南岛的木棉花，始终在春寒料峭中迎风怒放，满树烈焰，红云满天。

仁台农军震敌胆

　　多次到仁台，总觉得这个小山村林木森秀，景色幽深，绝非凡常，但一时又说不清，到底有什么不凡之处。早在几年前，龙华区文化局韦泽华就跟笔者说过，那是一座红色村庄，革命战争年代，村民抗敌御侮，英勇战斗，全村半数以上人口牺牲在敌人的屠刀之下。

　　当时，韦泽华还搜集整理一卷村史资料交给笔者，希望笔者能为这个村子写点纪念文章。可惜由于种种原因，没有写成，资料也因辗转搬家，杂在书堆中不知所终。几年之间，每当经过仁台，总觉得心里有点愧疚。幸好，此番正好可以借写《品读龙华》以慰夙愿。

　　再次探访仁台，是2018年的深秋。金风送爽，天朗气清，公路平坦畅达，村庄面貌焕然一新。显而易见，仁台已经过一番整修，正以崭新的姿态迎接八方游人。村口的红色革命广场十分宽敞，新修的村委会办公楼颇为壮观，新建的仁台革命纪念馆引人瞩目。

　　由于事先约好，村主任麦先生已在村口等候。麦先生憨厚，不善言辞，但谈起仁台往事，竟能滔滔不绝。他带我们参观仁台革命纪念馆并介绍道：仁台村，坐落在琼北羊山地区，全村聚居麦、李、吴、苏四大姓氏，现有96户人家，500多口人，是海南著名红色革命村庄。在土地革命、抗日战争、解放战争时期，中共琼山县委、区委、乡府经常驻在仁台革命根据地，领导武装斗争，与敌人打游击。仁台山中设我党军队交通站，负责传送敌情。村里曾驻扎杨善集、王文明、冯平、冯白驹、吴克之、黄魂、胡伯虎、吴江滋等红军领导人。

麦先生让我们看一幅介绍文字：1927年4月12日，国民党对共产党和工农革命群众实行惨绝人寰的血腥大屠杀。4月22日，国民党反动当局在府城海口地区大肆捕杀共产党人和革命群众。陈安国、李爱春等革命人士也不幸牺牲，革命力量遭到严重打击……

面对血雨腥风，共产党人毫无畏惧，愈挫愈勇，麦文浩、陈安国的胞弟陈安祥从府城返回家乡仁台村发展党组织，吸收麦文兴、麦文素、麦文广、李高养、麦文标等一批党员，重新组织村党支部，带领群众贯彻落实党中央革命精神，领导该地区的革命斗争。

陈安国（1901—1927），琼崖学生爱国运动领袖之一，广东省琼山县新城镇仁台村人（当年属琼山县第十三区）。1923年秋，考进琼山师范学校。不久被选为该校学生联合会会长和十三区留郡联合会会长。1925年6月，被推选为琼崖学生爱国运动联合会副会长。1926年春夏间当选会长。1926年4月加入中国共产党，5月，当选为琼山师范学校党团小组组长。琼山县国民党党部

继承遗志，奋然跃起

组建时，任县党部执行委员会常委兼青年部部长。先后举办平民学校，组织农民协会、自卫队，建立仁台党支部，发展党团组织。1927年在琼崖"四二二"反革命事变中不幸被捕，遭敌人严刑毒打，坚贞不屈。同年5月一个深夜，被杀害于府城五公祠西边的米铺村，牺牲时年仅26岁。

"为有牺牲多斗志，敢教日月换新天。"（毛泽东《七律·到韶山》）胞弟牺牲，陈安仁（又名陈绍尧）无限悲痛，但他并不沉沦，痛定思痛，他继承遗志，奋然跃起，与革命战友于次年回到仁里庙，召开仁台、养豪等村庄的民众大会，发动群众，建立农民武装。他们在仁台地区成立了琼山十三区苏维埃政权，陈绍尧任该区主席。斗争异常残酷，志士前仆后继。讲到这里，麦先生非常沉痛地说："当年，仁台全村200多户800多人，惨遭敌人屠村，仅剩60户100余人。"

工农红军会集仁台，开明的政治策略，群众的大力支持，使根据地很快成为当地农产品买卖的交易市场。村里设有各种买卖点和乐团，还设有文化夜校，以及枪支修理厂和子弹机械制作厂，革命武装日益壮大，革命斗志热火朝天，当时的仁台被称作"小惠州"。

根据地有一首歌谣："红军基地仁台山，崇峻峭壁绕山川。红旗照耀十三区，农军震惊白军胆。琼共领导农运动，分田斗霸灭民团。轰轰春雷平地起，燎原烈火烧叛顽。"仁台，成了敌人闻风丧胆的根据地，成了反动武装的"眼中钉"，使匪类非得拔之而后快。

仁台革命纪念馆有专栏介绍革命根据地悲壮的历史。1928年春，琼山、文昌、定安3个县的工农武装合编为琼崖中路工农红军，以冯白驹为首的中共琼山县委驻扎仁台。国民党第十师师长蔡廷锴疯狂叫嚣，要铲平仁台革命根据地。4月14日至24日，蔡廷锴派出第28团、30团共1500多人，向仁台地区大举进犯。4月22日，琼崖中路工农红军第二营在十三区（今美仁坡一带）赤卫队的配合下，兵分三路英勇阻击国民党军，激战一天一夜，因敌众我寡及红军枪支旧劣、子弹缺乏，被迫分三路撤退。第一路主要是红军二营的主力，300余人向定安县仙沟方向撤退；第二路向石桥乡的椰子头方向撤退；第三路由胡伯虎、麦文兴等带领80多人撤向龙桥博南山，主要任务是牵制敌人主力，

山不藏人人藏人

掩护红军主力撤退。胡伯虎带队冲出敌人包围圈撤到尚恩山。血战之后，疲惫不堪，后有大批追兵，前有从府城开来的国民党军增援部队，加上地方民团的三方夹击，红军伤亡过半，弹药耗尽，胡伯虎及指战员全部壮烈牺牲在尚恩山石崛里。仁台失守，冯白驹带领县委机关、十三区区委书记陈绍尧、副书记黄魂等区干部和赤卫队数十人突围，部队开往儒万、儒廓山区，继续坚持斗争。

仁台革命纪念馆资料介绍：胡伯虎（1897—1928），广东省琼山县人，1897年出生于贫苦农民家庭。胡伯虎幼年时在村里的私塾读书，1920年升入琼山县立中学（今海口市琼山中学）。1922年冬，胡伯虎开始参加革命。1923年3月考上孙中山在广州举办的建国宣传学校领袖班，在校期间加入中国共产党。毕业回琼后，胡伯虎在府城某小学任教，并受组织委派在家乡开展农民运动。他在玉湖村办起农民夜校，宣传向土豪劣绅作斗争的革命道理和共产党的主张，组织进步青年阅读革命书刊。他还开始筹建农民协会，在办夜校的基础上发动群众成立农会。1928年2月。琼崖讨逆革命军扩大为琼崖工农红军，第十一路军改为中路红军第二营，胡伯虎任参谋长。1928年4月，仁台根据地失守。由胡伯虎和麦文兴带领的红军中路第二营第三路战士在尚恩山（今海口市龙桥镇）被敌军包围，因寡不敌众，壮烈牺牲。

关于副书记黄魂，仁台革命纪念馆资料这样介绍：黄魂（1903—1944），广东省琼山县人。1926年秋毕业于琼山中学，3月参加中国共产党。毕业后回乡进行革命宣传活动，不久组建起南江党支部和十三区农会，任该支部书记与区农会主席。1927年任十三区区委副书记，1930年至1935年春夏间，曾任中共定安县委书记、琼东县委书记、澄迈县委书记、中共琼崖特委委员，负责特委宣传出版工作。1936年5月被选为特委常委兼宣传部部长。1941年2月任特委常委兼统战部部长，7月任琼山县抗日民主县长，后兼琼山抗日游击司令部总指挥。1943年冬任南区军政委员会主任。1944年4月初，被任命为独立总队政治部主任，4月2日奉命回总队部赴任。途经昌感县（今属昌江县）四荣乡上菜村时遭日军袭击而牺牲。

参观仁台革命纪念馆，看当年遗留下的大刀长矛、枪支弹药、烈士遗物，仿佛回到当年场景。徘徊仁台战斗遗址，遥想革命英雄。多少人寻寻觅觅来到这里，多少党组织率领党员至此重温入党誓词。顺着新铺设的石头村道，还能找到当年工农红军留下的瞭望台遗址。

瞭望台，位于仁台古村石头道的路口，那里原是抗日战争时期仁台根据地瞭望敌情的制高点，如今是仁台村的观光点。台前经过修整的漫道连接附近的仁南村、仁台村和仁新村。远处的谷地就是旧时石桥乡的所在地。当年，日军盘踞石桥乡，时常通过石道进村扫荡，所以这个制高点就是最好的监视岗。站在瞭望台上，居高临下，放眼远望，仁台山谷郁郁葱葱，天高气爽之日，还可以看到远处的旧州岭、文笔峰两山和南丽湖、南渡江两水。

瞭望台上，恰好有在此休闲的村民。看到我们远道而来，指着前面的丘陵热情介绍，说前面就是当年的红军医院，左边那小高山上有一口红军井，右边是红军的军械厂。三处与仁台村相距约有几里地，互成掎角之势。看来，仁台革命根据地的规模可不小。

我们想探访红军医院、红军井和军械厂，村民说那里多年无人行走，山路藤木缠绕，还没有辟出小径，目前无法到达。望着远处山峦，想起当年革命斗争的"山不藏人人藏人"。革命事业依靠人民群众，革命发展造福群众，"不忘初心，方得始终"。

沧海桑田

从边陲小镇到现代文明城市，百年沧桑，滨城海口发生了历史巨变。

国贸是海口发展史上一个视点、一个热点，是承前启后的城市连接点。

何家大院，清末海口第一豪宅，写满何氏家族传奇，写满历史沧桑。

骑楼老街，国家历史文化名城的文化遗产，凝结着南洋华侨的汗水血泪。

海口第一座城市地标，铭记着建设者不畏艰险、舍生忘死的奋斗历史。

古钟新声，是所城拆除之后，新建长堤码头新设钟楼传来的城市乐章。

文化名城，百年海口，百年抗争，沧海桑田，历史文化名城遐迩闻名。

从国贸看海口变化

国贸是海口城市发展史上一个视点，一个热点，一个亮点。

从边陲小镇向现代化城市发展，国贸是承前启后的连接点。

1926 年 12 月 9 日，海口建市。1950 年 4 月 23 日，海口解放。1986 年 4 月 30 日，国务院批准海口升格为地级市。1978 年，改革开放拉开了海口发展

椰城新视觉（蒙传雄）

的序幕。1988 年，海南建省办经济大特区，南海明珠的首府——海口市成了集政治、经济、文化为中心的省会城市。

海南建省办经济大特区前夕（1988 年 1 月），海口市人民政府决定成立海口市城市建设开发总公司，授权创建现代金融贸易开发区，拉开了国贸建设的序幕。

从一片滩涂、荒坡、水田、水塘变成海口市的"金三角"，国贸的历史变化见证了海口从边陲小镇向现代化城市破茧成蝶的蜕变，奠定了滨海城市的建设步伐。

2003 年，原海口和琼山两市合并，新海口诞生，新行政区重新划分，分为秀英区、龙华区、琼山区和美兰区。新设立的龙华区下辖海口市原新华区的行政区域和原琼山市的龙桥镇、龙泉镇、新坡镇、遵谭镇，以及原府城镇薛村、大样村，区人民政府驻民声东路。后来，海口市政府迁至西海岸，龙华区政府迁至龙昆北路 19 号原海口市政府驻地。

地名是一种自然现象，也是一种文化现象。每个地名都在有意无意地透露一处地域的人文地理或人文历史，从一个侧面反映聚居者的生活希望和文化追求。完全可以这样说，一处地名其实就是一个文化符号。"国贸"是一个文化符号，它与"龙华"汇成文化宝库。

话说龙华，龙腾中华。龙华境内，山脉绵延，从龙岐坡到大英山，起伏不断。位于大英山下的东西湖，自古以来就是传说中五龙"腾云升天，掀浪入海"的万丈深渊，深不可测，而大英山则是五龙戏珠之"珠"。龙华境内有龙昆、龙桥、龙泉等充满龙气的地名。2003 年，原海口和琼山两市合并，国务院批准将原海口市新华区更名为海口市龙华区，"龙华"由此得名。

海口设市于民国十七年（1926 年），当时市区面积仅 13 平方千米，人口45400 多人。海南解放以前，海口是一个边陲小镇，街区只有新华、博爱、中山、得胜沙几条街道和一些小巷。当年，首届一指的"五层楼"海口大厦是城市地标，其余是清一色的二层、三层低矮建筑。海南解放以后，城市建设有了新发展，20 世纪 60 年代建起了 7 层楼的华侨大厦，20 世纪 80 年代建起了 22

层楼的金融大厦。作为新城区的金融贸易区，建省前是一片滩涂、荒坡、水田、水塘。

　　海南建省办经济大特区，城市建设突飞猛进，崭新的建筑不断刷新城市地

城市旧貌

标，新建的摩天大厦争高直指，金融贸易区成了海口市的商业"金三角"。新城区不断拓展，建成区成倍扩大，经济迅猛增长，社会事业健康发展。2007年3月，国务院批复同意将海口市列为国家历史文化名城。近年来，海口先后荣获"国家环境保护模范城市""中国优秀旅游城市""国家园林城市""国家历史文化名城""中国人居环境奖""全国文明城市""国家卫生城市"等称号，并入选"中国特色魅力城市200强"。

海口文脉是城市血脉，国贸街区联结城市文脉。

国贸，全称"海口市金融贸易区"，简称"国贸"。该区位于海口市北部，面向琼州海峡，规划范围跨越60米宽的滨海林荫大道。东起龙昆北路，与市区相接，西至秀英港，北临海口湾，南靠秀英村山坡。东西长3.5千米，南北宽0.5千米至1千米，总面积4.23平方千米。开发前，该区是一片滩涂地，其中，陆地面积2.3平方千米，填海面积1.93平方千米。国贸新区的成功开发，在海口城市发展史上举足轻重。

按照海口市城市规划的总体要求，海口市金融贸易区的功能、性质规划布局的基本要求是："以金融贸易为主体，是海南省海口市经济活动中枢，又是公共游乐、度假居住的理想场所。"金融贸易区的规划分区则划分为外资区、金融贸易区、高级别墅区和滨海度假游乐区4个部分。规划要求建筑风格具有较强时代感，建筑形式以挺拔、雄伟、明快、新颖为特色，高层建筑集中，凸现现代城市建筑风貌。

按照"高效能的基础设施，高水平的开发管理，高质量的生态环境，高水平的建筑技术，高度的精神文明和文化"和"统一重地、统一规划、统一建基础设施、统一开发、统一管理"的建设要求，金融贸易区已成为海口市新城区的一个重要的窗口。

城市是人创造的，人的全面发展是一切发展的核心和最终目的。国贸的变化从玉沙村看得很真切。从原先贫困凋敝的小渔村、疮痍满目的"城中村"，到省会海口的城市地标、中心城市的商业"金三角"，从某种意义上讲，玉沙的变化就是滨海城市的一个缩影。

玉沙，龙华区国贸街道一个普通社区，海口推进城市综合整治的文化典范。2007年底开始的城中村改造，使老家园成了幸福家园、老社区成了文明社区，使原先名不见经传的小渔村一跃成为滨海城市的地理标志，成了椰城商家汇聚的黄金宝地。

从地图上看玉沙，它位于海口狭长商业区的中央地段，北临滨海大道，南依国贸路，东傍玉沙路，西靠明珠路，新崛起的"京华城"美轮美奂，令周边高楼相形见绌。从城中村到商业闹市，玉沙村用自身变化的历史事实述说海口城市的沧桑巨变。

玉沙新楼

传说中的玉沙是一块巨大的"浮土"，即"水涨土高，水退土还"，即使海潮陡涨、暴雨成灾，玉沙都能安然无恙。其实，在近代史上，玉沙是海口的战略要地。村子的西南方是秀英古炮台，东北面是镇琼炮台，这是海南近代抵御外侮的历史见证。

20世纪初，玉沙村已发展到40多户200多人。全村原先有9姓，分别为符、黄、吴、梁、陈、邓、钟、林、冯。后来冯姓外迁，村中建了 8 座祠堂。祠堂守庙人姓冼，因为乏嗣，8 庙便都供奉冼姓，那袅袅香烟所寄托的是玉沙人的悲悯与包容。

这种包容，更多地体现在"15 村风"中。玉沙村同苍应、业里、头铺、秀英（水英）、周仁、儒益、向荣、新村、水头、滨涯、滨濂、书场、苍峰（苍东、苍西）和永庄等 14 村的语言相通，说"长流话"，习俗相同，即俗话所说的"一条大路走遍十五村"。

然而，从总体上看，玉沙的发展还是滞后于周边地带。虽然城中村的瓦房变成了平顶房，有不少新建房舍，甚至也有几层楼房，但杂乱无章，隐患四伏。几番征地，劳动力出现大转移，面对无序发展的混乱格局，玉沙人果敢做出新抉择。

站在新的起点上，改造城中村，实现新跨越。2007 年 11 月 26 日，玉沙村进入实质性拆迁阶段；2008 年 1 月 7 日全部拆完，拆迁总面积 32 万平方米。从玉沙股份合作社筹备成立到组建南北居委会并选举产生首届董事会和监事会，玉沙实现了新突破。

最先感受大变化的是玉沙小学的师生。从庙学到私塾，从旧学到新学，几百年的不懈努力，终于迎来 2008 年 9 月 1 日这一难忘的日子。新玉沙学校举行第一期工程竣工落成剪彩仪式，新建的教学楼美轮美奂，玉沙人今天栽下的幼苗将长成明日的栋梁。

拆迁与新建，历时 3 年，区委、区政府从机关抽调 150 多人组成 10 个调查队，采取"五包"的工作方法，即包"对子户"的思想工作、包签订协议书、包帮助办理补偿与奖励、包协助搬迁安置、包拆迁，全村没出现一个"钉子户"，实现了和谐搬迁。

直到顺利回迁，酝酿了 15 年的规划设想画上了一个圆满的句号。拔地而起的商住楼洋溢着现代城市的浓郁气息，新生的玉沙，街道宽敞，商铺林立，商品琳琅满目，行人熙来攘往，新社区令人艳羡。短短 3 年，玉沙巨变，村民黄健村第一个选房入住。

玉沙立村 700 多年来，发生了翻天覆地的变化。但变化之大，还是在海南解放尤其改革开放以来特别是海南建省旧城改造之后。这些变化是社会发展规律使然，也是勤劳、勇敢的玉沙人民拼搏的结晶，更是在中国共产党领导下坚持不懈开拓创新的结果。

今日玉沙，已建成集购物、餐饮、娱乐、休闲、社交、文化等功能于一体的占地 5.5 万平方米的现代城市新型商业中心。玉沙新城，美轮美奂；京华商厦，笑迎来客。原村民人均 40 平方米住户、18 平方米铺面；孤寡老人每人 80 平方米住房，政府还免费装修。

新社区蒸蒸日上，新商铺花团锦簇，新气象新变化实现了新生活质的飞跃。玉沙经济社对社区居民共有的 2.2 万平方米商业铺面进行统一经营管理，经营红利平均每人每月可分配 1400 多元。对此，老居民感慨万千，新住户喜笑颜开。

我们坚信，在龙华区委、区政府领导下，新玉沙的未来会更加美好！

海口老街第一宅

老街是城市的老祖母，骑楼是老祖母的怀抱。那个怀抱温暖，热切，令人难以忘怀。她拥抱海外归来的游子，拥抱熙熙攘攘的客人，她给人们讲述城市的历史故事。

在义兴后街 67 号，掩藏着一幢被称为"清末海口第一豪宅"的建筑——何家大院。这间中西合璧的大院，写满了一个家庭的历史传奇，写满了一座城市的历史沧桑。

正是这纵横交错的老街老巷和肃立在街巷之间的像何家大院这样的众多的历史建筑，使海口骑楼老街跻身"中国历史文化名街"行列，使滨海城市海口荣登历史文化名城榜。

此前很想领略何家大院的历史风采，可惜无缘。2018 年 10 月 29 日，笔者有幸找到何家大院的创建者——何达启的孙子何子健，在他的带领下走进了这座清末海口第一豪宅。

何家大院建于清光绪年间（1875—1908 年），至今已 110 多年。大院主体建筑 3 幢，风格中西合璧，院内造花园，面积近 3000 平方米，是当时海口市规模最大、造价最贵、造型最美、时论最奢华的私家豪宅。建成后街谈巷议，观者如潮，何家大院成了市井话题。

在时人眼里，作为主体建筑之一的西欧风格大楼美轮美奂，金碧辉煌。楼内雕塑，图案生动，线条流畅，异常精美；西洋壁画，欧美风情，西方工艺，引人瞩目。当年，3幢楼房互相连通。因种种原因，西欧风格建筑后来被拆毁，仅存中式门楼及南洋风格大楼。

百年风雨，岁月洗刷，大院逐渐衰败，但门楼依然屹立，顶端木雕仍然完好如初。何子健指着门楼中间丈把高处一根横梁上的两个小圆孔说，这是第二层大门的门孔。看门楼，看木雕，看门孔，看那藻饰，看那气势，才知道什么是高门大院，什么是"第一豪宅"。

何子健一边介绍，一边走进南洋风格大楼。用不着多说，眼前的蛛丝马迹已足以显露旧时风华。虽然经受百年踩踏，地板砖轴面依然晶亮，图案花样仍有旧时色彩。这些地板砖来自南洋，轴面残存的英文字母及中文刻字似乎一直在述说当年主人建造大楼的苦心。

主人的苦心是对家庭家乡的爱心。就像院内古树，虽干高数丈，但仍落叶归根。何达启的根在海南，家在海口，他每次往返南洋都精选建材，大到笨重梁柱，小到细部装饰，何达启分门别类，取舍有度。何子健说，3幢大楼3种风格，表现的是祖父的人生情结。

何家大院创建人何达启

何达启生于琼海，故园情深，兴建中式大楼，是乡土情结，家国情怀。南洋谋生，多年打拼，历经艰辛，热带风雨，南洋骑楼，历历在目，无法忘却，兴建南洋风格大楼，是人生记忆。而游学西欧，开阔眼界，立足海运，发家致富，是他兴建西欧风格大楼的缘由。

3幢大楼，风格迥异，出类拔萃，对周游世界、阅历丰富的何达启来说很为平常，但对100年前边陲小镇的市民来说，简直是天方夜谭。那时，所城还在，骑楼初建，海口街市未开，何家大院成了市民了解西方建筑的一扇窗口,在小镇刮起一股西欧旋风。

时年82岁的何子健就在大院出生,在大院度过快乐童年。到12岁时他离开大院到广州读书工作,后来移居香港。改革开放,他以港商身份回到故乡,是海南侨界的活跃人士,担任海南何氏公益事业会会长。耄耋老人满怀对祖父的敬仰,揭开了何氏家族的历史。

同治二年(1863年),何达启出生于万泉河下游南盈村一个贫苦家庭。其时,第二次鸦片战争结束不久,外国在华势力急剧扩张,大清帝国内忧外患不断,百姓水深火热。南盈旁近博鳌,是海南人下南洋的一个港口。耳濡目染下,何达启15岁便与村人一起下南洋。

与大多数海南人一样,他先到越南,在那辗转几年,日子过得非常艰难。不久,何达启去了马来西亚,在那种橡胶,当胶工,开锡矿,干苦力,岁月难熬。此时,外国资本家也纷纷在通商口岸建立船坞和工厂。在这些船坞和工厂里,产生了中国早期的无产阶级。

也就在这时,一个偶然的机会,何达启到德国籍船长家当佣工。在轮船上打工,机会来之不易,何达启凭着闯海人的勤奋、敏锐、刻苦耐劳,勤勤恳恳、尽心尽职地做好每一样工作,得到了船长认可,被提拔到远洋轮船当水手。从此,命运向他敞开了幸运之门。

有一次,德国船长夫妇回国度假,匆忙中遗落了一个大箱子。他们原先以为,箱子里财物贵重,不可能失而复得。可是,德国船长夫妇度假归来后,箱子完璧归赵——原来是何达启捡到了这个箱子。船长夫妇喜出望外,对这位佣工刮目相看。何达启以他的勤奋、本分、诚恳、信实,赢得船长赏识。

有人说,这是机遇;有人说,这是诚信;有人说,这是本分。机遇加诚信加本分,使这对德国夫妇相信何达启是可信之人、可塑之才,便送他到德国汉堡学习轮船业务。三年磨炼,何达启业务纯熟,眼界开阔,成了公司帮办,为日后创办轮船公司奠定了基础。

百度百科记载:何达启,字华甫,学名荣光。清末民初著名侨商。1890年,何达启创办第一家远洋森堡船务公司,代理海南石油和开展多种业务经营。鼎盛时期,何达启的船队有10艘轮船,其中1艘往返海口与汉堡之间,其他的船经营东南亚航线。

除了航运，何达启还兴办南发公司、琼盛号等企业，投资涉及海运、邮电、橡胶、石油等行业，成为海口首富。何达启一生充满传奇色彩，他是海南早期慈善家，投资教育，兴建海口第一所民办学校——华海中学，被清政府授予花翎候选同知……1931年病逝于海口。

何子健是有心人，他还让姐姐何碧玲给笔者详细讲述大院掌故。何碧玲生于1933年，是何达启孙女。她早年参加琼崖地下学联，是离休干部，正撰写回忆录。回忆大院历史，何碧玲眼睛闪亮。沉思片刻，她缓缓地说，爷爷生在清朝末年，奔波五湖四海，子多福多的观念使他生养抚育20多名子女。像她与子健这样的何家子孙已繁衍7代，有300多人，后代散居海南、香港、台湾以及美国、加拿大、日本等国。

1931年，何达启临终之际，望着绕膝哭泣的子孙，留下遗嘱。他嘱咐子孙：“宜敦和睦友爱，承节俭之家训，互相勉励，不但守先人之遗业，尤望继长增高。”何碧玲回忆说：“爷爷为人，诚实守信，希望子孙敦睦，勤俭节约，勤奋好学，诚实做人，敬业守成。”

秉承家训，克勤克俭，何氏子孙，代代相传。其间，不乏商业巨子，社会贤达，文化精英。他们继承先祖遗志，继续书写何氏创业史。何碧玲告诉笔者：2017年1月8日的家族盛会，盛况空前，大院设宴，席开八方，何家子孙及亲戚朋友300多人欢聚一堂。原先寂静的大院，一下子簇拥这么多人，一时间欢声雷动，喜气云腾。何家的小字辈归来，对眼前的草树、破

何子健 2008-6-1 摄于何家大院

正门漏花

旧楼房，都觉得新鲜、好奇；老姐妹归来，恍若隔世，童年情趣，历历在目，互相指认，共话当年，相拥而泣；如此场景，何家男儿，叙旧话昔，悲喜交集。

方才进院，何子健指着门楼两边"祀祖宗如在其上，佑后人焕彩维新"的对联说，何氏祭祖，庄重肃穆。仪式开始，按辈分排，子孙逐一进入大厅，行祭拜之跪礼，忆祖宗之训诫。这是何氏家族的传统教育，万里寻根，无论天涯海角，子孙后代都会奔此而来。

祖德宗恩，难以忘怀。一跪一拜，一鞠一躬，奠一杯酒，燃一支香，点点滴滴，丝丝缕缕，说不尽的话，一切尽在默默中。吃团圆饭，围坐一桌，你给我盛饭，我给你夹菜，还是儿时味道，斋菜、茄子、水芹，仍然是当年寓意，何家后代都能在大院里找到归属。

这种归属，是一种品格，一种精神。从封闭的海岛走向西方世界，何达启

当年的地板砖

的成功对当年的海南华侨是一种激励、一种鼓舞，对家乡的亲友是一种启发、一种借鉴。从遗嘱中可以看到他的心路历程，他希望自己的子孙在大院里找到归属，养成坚强品格、高尚精神。

同样，一座城市，一个地区，一个民族，一个时代，也需要对自己城市、自己地区、自己民族、自己时代的归属感和认同感，需要坚定自我发展的信心和决心。清末海口第一豪宅的存在，其深刻意蕴是，新时代新海口更需要归属感和认同感，需要城市建设凝聚力。

前面说过何子健是有心人，他收集清末民初近万件历史文物，其中有他爷爷留下的珍贵遗物，那是一个时代一个家族生存发展的历史见证，也是一座城市一个地区发展变化的历史见证。其实，何家大院的存在，本身就是一座历史博物馆，是历史文化名城的博物馆。

南洋老街辛酸泪

　　如果把滨海城市海口比作一部历史教科书，那么，作为海口"国家历史文化名城"的文化遗产，骑楼建筑南洋老街则是这部教科书中最精彩、最动人，也是最令人动容的篇章。

　　这老街都是一个模式，这骑楼都是一种风格。从街道和建筑平面布局可以看出，这些老街有我国古代城市的痕迹，都是前街后院、前店后宅、下店上宅，属于传统的里坊式。

　　可是，从建筑风格看，骑楼属欧洲文艺复兴晚期的巴洛克风格，立面华丽，装饰细腻，线条流畅，典雅大方，具有浓郁的西洋古典情调。街道两旁的柱廊式骑楼，

当年骑楼

铺设了一条黄金通道，这种生态模式与海岛的自然环境结合完美，使老街显得气势流畅，富有动感。

骑楼建筑设计独特，富有个性且人性化。檐廊宽阔，既是街道，也是店铺，相互连接，相互包容。一条长廊把无数间店铺连在一起，营造了一个流动性的、大众化的购物空间。这是用人文思想构筑的空间：让建筑适应人，适应自然。它反映的是人与自然的和谐，是城市建筑与现代商业的和谐；它体现的是海滨城市的地方特色，是城市老街的文化品位。

人们欣赏南洋老街的规划美，陶醉骑楼的建筑美，赞扬它是文化与经济的完美结合，是热带街区商业经济的人文典范，然而，却很少有人知道其间凝聚了几代华侨几多泪水。

还是从南洋华侨说起吧。郑和下西洋之后，中国人就借海上通道到南洋谋生。所以，"华侨"这个词，就有"漂洋过海的中国人"之意。当然，这里头有数不清的海南人。

1858年，《天津条约》签订之后，琼州口被辟为通商口岸。琼州口，就是海口。《海南百科全书》记载：1840年鸦片战争以后，琼州成为帝国主义侵略、掠夺的对象。特别是1856年第二次鸦片战争后，清廷和英法侵略者先后签订了丧权辱国的《天津条约》和《北京条约》，规定琼州为增开的通商口岸之一，英法侵略者凭借这些不平等条约首先侵略琼州。

当年街道

接着，在1861—1869年间，德国、丹麦、比利时、西班牙、意大利、奥匈等国侵略者争先恐后，强迫清廷签订各种不平等条约，开辟琼州为通商口岸（当时称"琼州口"）。美国则打着"门户开放，利益均沾"的旗号同其他侵略者一道，参与对琼州的侵略和掠夺。

帝国主义的入侵，使琼州加速沦为半殖民地半封建社会。

为侵略所需，美国、日本、英国、德国、法国、奥匈、葡萄牙、意大利、比利时、挪威等国先后在海口设领事，其中英国、法国、德国在海口建有领事馆。他们打着所谓合法招牌，在琼州进行残酷的经济侵略和文化侵略。在帝国主义和封建主义的残酷剥削和压迫下，海南不少贫苦民众被迫离乡背井到国外当劳工。文昌、琼东、乐会、万宁、琼山、定安、澄迈等县民众到安南、暹罗和南洋群岛经营农工诸业，有的做佃农。1876—1898年，经海口港去东南亚等地谋生的就有344698人；1914—1924年间光是往新加坡移民的就达6.3万余人，还有不少去欧洲、美洲。其中，大多数是被当作"猪仔"拐卖出洋的华工。他们上船后，被关进船舱，并肩叠足而坐，交股架足而眠，途中死者枕藉。活下来的，男的开山挖矿，女的沦为娼妓，命运极其悲惨。据资料介绍，清末民初，设立在海口老街的"招工馆"竟多达十几家。它们以海口城区作为据点，大做损害海南人民的卑鄙勾当和肮脏交易。也就是说，当年不知有多少海南人被当作"猪仔"卖到南洋一带，这就是早年所谓的海南华侨。

有压迫就有反抗，因而便有了"捣毁'猪仔笼'"的历史事件。那是海南近代史上的一次反帝斗争。《海南百科全书》记载：法国驻海口领事馆、法商及其在海口的代理人互相勾结，在海口得胜沙路设立"巴拉坑"（即贩卖华工的"猪仔笼"），拐骗、掳掠大批华工贩卖出国，引起广大民众的强烈愤慨，海口市民众举行游行示威。1913年，广东革命党人首领邓铿就任琼崖镇守使，派人调查"猪仔笼"底细，巧杀"猪仔笼"把头，捣毁海口的"猪仔笼"，放出30多名待运出国的"猪仔"（即华工），给法国侵华势力一次严重打击。

然而，还是有更多的海南华侨在南洋开锡矿、种胡椒、割橡胶，艰苦劳动摧残了他们的健康，换来了南洋的经济繁荣。这繁荣的标志之一，就是崛起的那一排排热带骑楼。

尽管几乎被榨干血汗，但他们仍满怀梦想、希望，那就是也在家乡建这样的骑楼。有梦想就有动力，有希望就有成功。一代人，两代人，甚至是三代人，海南华侨用艰苦卓绝的精神描绘建造骑楼的理想蓝图，几代人的含辛茹苦，终于在家乡建起了与居住国相似的南洋骑楼。谁能掂量，这南洋骑楼的每一块砖、每一片瓦，凝结着海外游子多少汗水和泪水！

最早的骑楼建于清光绪十九年（1893年），地点在四牌楼。四牌楼，又叫城内街，它位于现在的博爱北街，在当年海口所城之内。那时候，所城之内只有东西、南北两条交叉土路。可想而知，当时新落成的骑楼，是何等壮观，何等轰动，何等显赫，何等气派！

那是海口街市最美的一道风景，是城市发展的推动力。正是这种激励，使一间间的骑楼先后建成，使原来的土路一再捐修，使之变成石板路，使之扩展成水泥路，使之成为海口最早的最繁华街道。这一过程，整整用了近百年时间，耗费几代人的精力。

至民国十八年（1929年），独具特色的、以热带骑楼为标志的海口老街已经建成，从振东街、博爱南路、博爱北路、新民东路、新民西路，到中山路以及得胜沙路一带，成了海口的商业中心。因此，完全可以这样说，海口之所以

骑楼老街今貌

成为海口，就是因为有这南洋骑楼。

当然，今日海口早已不仅仅是只有热带南洋骑楼的边陲小镇了。在形成商业中心之后，海关大楼建了起来，海口钟楼建成了，医院、学校等相关基础设施逐渐配套。

20世纪30年代，建起了五层楼；60年代，建起了华侨大厦。到20世纪80年代，海南建省办经济特区，海口城区迅速扩大，上百幢摩天大楼争高直指，矗立于蓝天碧海之间。

这些高层建筑雄伟挺拔，富丽堂皇，但同时也给人孤傲冷漠、卓尔不群的感觉。

与热带骑楼相比，它们多了自我张扬，少了整体协调；多了商家气魄，少了人文气度。但不管怎么说，这些老骑楼与新大厦相互对峙，相互映衬，相互补充，共同展现了现代海口的城市风采。当年的边陲小镇已变成举世瞩目的一方热土，今日海口正朝着现代化国际性城市迈进。而且，步子逐年加快，变化越来越大。然而，我们不能忘记其间的辛酸血泪。

我们还不能忘记，"琼海关"设在海口的悲痛历史。清光绪二年三月初七（1876年4月1日），"琼海关"设立，原粤海关管辖的海口总口独立行使的海关主权被彻底剥夺。从那时候起到抗日战争结束，长达69年间，"琼海关"先后被英、德、挪威、美、丹麦、俄、葡萄牙、西班牙以及日本控制，先后有40位殖民主义者轮坐"关长"的头把交椅。

税收是国家的血脉。关税自主权、海关管理权和关税收支权的丧失，使中国海关殖民地化进一步加深，使国家血脉不断流失。在这种局势下，"琼海关"成了倾销外国商品和掠夺海南资源的"元凶"之一。在长达69年的漫长岁月里，海南人民的血汗被盘踞在"琼海关"这幢小洋楼中的所谓"关长"所攫取，殖民主义的巧取豪夺加剧了天涯海角的贫穷。

《民国琼山县志·卷十一·海防志》"洋务"条目中附有《中英继约》五十六款（咸丰八年，即1858年），《中俄条约》十二款（咸丰八年），《中法条约》四十二款（咸丰八年），《中德条约》四十二款（咸丰十一年，即1861年）。县志附言："琼州海口自咸丰八年中国与英、俄、法、美四国订约，准予开埠通商传教。十一年（1863年），中德订约，加入在埠通商。此后，同治二年（1863年），中丹条约；三年，日斯马尼亚条约；四年，比利时条约；五年，中义条约；八年，中奥条约（各国条约不尽载）；俱准一体通商传教。"这些继约条约，丧权辱国，血泪模糊，今日读罢，义愤填膺。

　　海风吹拂，海潮汹涌，海口终于迎来改革开放新时代。今日南洋老街已成为国家历史文化名城的"历史名街"，海口骑楼也在岁月流逝中渐渐老去。代之而起的新城，摩天大厦在椰风海韵中显得更为华丽，但是，我们不能忘记南洋老街，不能忘记那往日辛酸。

百年沧桑五层楼

一座城市的发展史，就是这座城市的建筑标志不断刷新的历史，是城市建设者为刷新城市建筑标志而甘愿付出毕生心血乃至不惜冒风险、舍生忘死为之奋斗的历史。

我想说的是我居住的城市，是百年沧桑五层楼，得胜沙老街的最高建筑。

岁月流逝，百年沧桑，得胜沙老街最高的五层楼已隐没在城市建筑的水泥森林中，变得容颜枯槁、形体憔悴、老态龙钟，但仍光华难掩，无法抹去城市地标的辉煌。

城市地标就是城市形象，是一座城市年轮中财富和技术的炫耀，是独具匠心、出类拔萃的印象，是令人仰视、叹为观止的风范，是融合城市文明和本土价值的记忆。

20世纪30年代，五层楼是海口市的第一高楼，曾是海南人茶余饭后的话题。这座巴洛克式风格建筑的落成，使周边的四牌楼及永乐街、博爱街的骑楼商厦相形见绌。

此后，在长达28年的时间里，五层楼一直是海滨城市的制高点。当年，里面汇聚舞厅、影院、咖啡厅、豪华酒店，里头灯红酒绿、轻歌曼舞、裙裾飘曳，达官贵人、华侨商贾云集，仕女如云……豪华大厦豪华场景使人想入非非，让贫民可望而不可即。

拨开岁月烟云，回归城市现实。五层楼的建成在海口城市建设史上功不可没。它恢宏大气，别开生面，使人大开眼界，树立起城市建筑新标杆。它是城市开放的产物，树起的不仅是城市地标，更重要的是凸显华侨眷恋故乡的爱心和建设海口的信心。

从五层楼奠基、落成，到投入使用的那几年，是海口城市建设史上街区逐日扩大、骑楼逐渐兴建、商贸日益繁荣、中心城市地位确立、迅速超越琼州府城的鼎盛时期。人们项背相望，民间流传种种五层楼的传说，但很少有人知道它背后的彻骨之痛。

五层楼已成为批发商场

事情要从20世纪20年代说起，从大批海南人"去番"说起。那时，文昌市铺前镇中台村吴乾椿的母亲寻思，家境贫穷，盖不起房，几个儿子挤在一起，娶不了媳妇，"去番"才是改变命运的唯一出路。于是，她卖掉唯一的4分田，为乾椿筹集去越南的路费。

那是一条希望之路，也是生死未卜的不归路。村里人"去番"，有的葬身海底，有的埋骨他乡，有的衣锦还乡。不过，吴乾椿还是幸运的，他到越南投靠在河内做生意的叔父，在叔父的店里当店员。吴乾椿年轻、帅气，工作之余喜欢跳舞，这让叔父极为不满。为此，他多次被责骂不务正业。

其实，舞场也有商伴，也有商机。为寻求商机而受叔父责骂，有口难辩，血气方刚的吴乾椿赌气出走，从河内辗转到海防市。他到那里投靠另一个叔父，得到理解，借到光银，倒卖山货，生意做得风生水起，赚到人生第一桶金。

赚了点钱，吴乾椿返乡探望母亲，盖了祖屋，买了田地。有人以为，吴乾椿从此会守住田园，炫富乡里。然而，他不是田舍翁，而是商业天才，他志于驰骋商海，搏击风浪。他也是孝子，孝敬母亲。在家小住一时，不久便背起行囊，跨洋过海，再次来到越南河内。

回到河内，吴乾椿并不急于开展业务，而是考察市场、捕捉商机，他的目标是在大流通中做大生意。据说，他观察时局，看欧洲战场战火连天，商船停开，大量蔗糖堆积，他当机立断，倾尽所有，全部收购，大量囤积。不久，战争停息，糖价飙升，大赚一笔。

吴乾椿虽然读书不多，但头脑灵活，视野开阔，嗅觉敏锐，胆大心细。他多年经营，信誉第一，人脉很广，信息灵通，财富迅速积累，开始在越南商界崭露头角。不久，他进入银行界，成了法国银行驻越南防城总代理，在当地拥有两条街的几十家商铺，资产雄厚。

他不是稍富即安的守财奴，而是雄心勃勃的企业家。虽然经商致富，在越南商界已是有头有脸的人物，但他总觉得有欠缺。他缺什么呢？缺一份故乡情，缺一份发展家乡商业的宏伟蓝图，缺海南人走向全球市场的雄心壮志。于是，多年来的愿望开始生根发芽。

为此，吴乾椿灵机一动，做出一个石破天惊的决定——从银行贷款，到海口建造"海南第一楼"。可是，当时法国殖民统治者"规定"，在越南银行贷款只能用于越南本土，违规者将被严惩。但是，吴乾椿觉得，账目清楚，来去分明，商业资金，用于商业，并非偷窃。

当时，碰巧东方银行越南分行行长是吴乾椿的文昌老乡，两人过从甚密，是"拜把"兄弟。这位行长也是性情中人，有胆有识，敢作敢为。考虑到吴乾椿资产雄厚，偿还贷款根本不成问题，这位"老同"大笔一挥，贷给吴乾椿一笔资金，帮他在海口建造五层楼。

从谋划到建成，历时数年，占地面积2000多平方米、建筑面积6000多平方米的海口五层楼终于在1935年开门迎宾。五层楼布局大气，造型优美，浮雕细腻，做工精巧，立体感强，体现了海口建筑艺术的精美，堪称巴洛克式建筑艺术和洛可可装饰艺术的结晶。

五层楼屹立街头，美轮美奂，在南洋骑楼中鹤立鸡群，格外瞩目，在海南岛与雷州半岛引起轰动，产生了旋风式的商业效应。多少商家奔此而来，可是吴乾椿却因此横遭劫难。就是五层楼开始封顶的时候，吴乾椿遭人举报"违规贷款"，被政府当局判刑"充军"。

五层楼街景

听老人说，当年吴乾椿被捕，结局相当悲惨。他的妻子去探监，见他全身涂满沥青，在烈日下干苦力，夫妻相拥而泣，惨不忍睹。本来，银行借贷是正常业务，有借有还，并不犯罪。可是，资本法则是掌握资本者制订的，吴乾椿无权制订法则，成了法则的牺牲者。

一代商业英才含冤去世，未竟事业由儿子吴坤浓撑着。然而，五层楼似乎命途多舛，好不容易撑到开业，乐极生悲，吴乾椿的小孙在楼顶放风筝失足摔死，喜庆酿成悲剧。开业几年，短暂的商业繁荣使人暂时忘却接二连三的灾难。但，1939年，日寇侵琼，大楼被霸占；抗战胜利，又被国民党军队盘踞。在海南解放不久后，工商业改造，大楼被低价收购。

星移斗转，岁月不居。时间到了1963年，海南华侨大厦成了海口新地标；1988年，国际商业贸易大厦落成，成了新的城市地标。尔后，随着城市化进程加快，

骑楼街景

摩天大厦如雨后春笋般拔地而起，不断刷新城市标高，商业中心位移，五层楼逐渐淡出人们的视野。

城市建设日新月异，但人们并不喜新厌旧。梳理城市年轮，感受海口历史，人们把眼光投向当年的五层楼，追寻建设者的坎坷人生，没有他们的坎坷人生就没有历史街区。

历史翻开了新的一页，新时代新事物层出不穷，新的大厦正在书写新的城市传奇，但人们不会忘记五层楼传奇，不会忘记那往昔的城市地标，不会忘记一座城市的成长历史。

长堤路古钟新声

晨钟轻敲，晨光熹微，滨海城市从酣梦中醒来。

多么悦耳，多么动听的铃声啊！它旋律优美，清扬激越，富有感召力。90年过去了，它不改初衷，总是激情满怀，朝气蓬勃；总是亲切呼唤，呼唤黎明，呼唤海口的新生。它与滨城共鸣，把希望刻入城市年轮，刻入海口市民的内心。

这就是海口钟楼，它是现代商业文明的产物。它用音乐来颂扬城市意识，用"时间就是金钱"来演绎商业竞争，用分分秒秒来促进城市文明。

这就是钟楼，它是海口最早的标志性建筑。难怪市民赞美它欣赏它，把它列入"海口八景"，赋予它"古钟新声"这么一个富有诗情画意的名字。

钟楼，是海滨城市向现代商业文明迈进的历史见证。"古钟新声"悠扬婉转，那是海口所城拆除之后，在新建长堤码头新设钟楼传来的城市乐章。

"海口"一词，始见于宋元时期的"海口浦"。"浦"，是水滨滩涂，是河流入海口。这名字形象地述说了海口的地理方位和生态品位，展望了这座城市的商业前景和辉煌前程。虽然，那时候的海口，只不过是一个小商埠，并不为人瞩目。

明洪武二十八年（1395年），海口所城建成，使海口成了传统意义的"城市"。其实，所谓"所城"，不过是弹丸之地，城墙不过"周长五百五十五丈"。显然，这样的"城"，其功能仅仅是消极防御。城中五条街，就是所谓的"市"，即贸易场所。这一格局，一直延续500多年。这期间，它历经海禁，也曾被辟为通商口岸。

就在西方列强不遗余力扩张与霸占海外市场的时候，就在重商主义叱咤风云的竞争年代，就在工业革命一日千里的黄金时期，海口所城依然故步自封，画地为牢。直至1924年，海口酝酿设市，城墙才在城市发展的吆喝声中拆除，城区才逐渐扩大，街道才逐渐延伸，海口才成了真正的"城市"，才开始表露出现代都市的商业思想。

被拆除的海口所城的花岗岩条石派上了最好用场——被用来沿海甸溪修建防护堤，并因此修成了新的长堤路。其实，这条长堤路并不长，或者客观地说，不过是长堤码头。但因此一举，这里成了人流和物流的集散之地，成了当年海口的商业中心。

钟楼

商业中心也是信息中心。商业原则是讲求时效，强调时间，准时守信。可是，在 20 世纪二三十年代，钟表还相当罕见，人们还没有追求效率的时间观念。当然，也有极少数富豪之家有自鸣钟，有的华侨也有怀表，但彼此之间无法拨正时针。

到底以谁的时间为基准，这是商业文明必须解决的现实问题。所以，修建钟楼，让全市统一步调，让船舶正点启航，让生活按部就班，成了全体市民的愿望。于是，商界倡导，商会牵头，侨胞捐资，海口众志成城，于 1928 年着手筹建钟楼。

这是一项善举。实际上，也是在检验海口商家的凝聚力、号召力。据史料记载，这一行动，响应热烈，香港琼籍商人周文治先生慷慨捐赠，购置了德国制造的大钟。这一筹建活动历时几个月，至 1929 年春天，海口钟楼终于在长堤路边落成。

那是一座五层楼的欧洲哥特式风格的建筑。它的平面布局呈正方形，底层拱形大门，中间拱形小窗，四面红砖砌筑，造型独特，出类拔萃，气势雄伟。

这座别具一格的"红楼"耸立骑楼对面，雄踞海甸溪旁，俯视繁忙的长堤码头、过往船只、匆忙行人。那时的海口几乎是清一色的低矮骑楼，所以，人们在很远的地方也可以看见设置在第五层的大钟，也可以听见悠扬的钟声。

从钟楼诞生的那一天起，它始终如一地履行职责。它忠于职守，守望城市的时空；它准确报时，拨动城市的心音；它周而复始，叩打城市的每个灵魂。

可想而知，当年的钟楼是何等引人瞩目，何等动人心魂。它让市民大开眼界，它给人们的工作、生活带来了极大的便利，它激活每个守信的商业细胞。

钟声送走黑夜，迎来朝霞；送走旧时代，迎来新世纪。它为日寇敲过丧钟，它眼看蒋家王朝覆灭，它欢呼共和国新生，它每时每刻都在见证海口的变化。

城市历史，从某种意义上讲就是商业史。商业繁荣，百业兴旺，是经济发展、社会进步的客观反映。现代商业是城市的灵魂，商业繁荣兴旺与否检验一座城市的生命力。这是钟声传递的生命之音。

时间就像海甸溪水一样，日夜不停，不断流逝。由于长堤路一再扩建，钟楼于 1952 年和 1987 年两次迁建，并由五层改为六层，大钟也顺时应变，由机械钟改为电子钟。改建后的海口钟楼，不仅保持原有的建筑风貌，而且整体上显得更和谐、更壮观。

海口钟楼，成了滨海滨江城市的一道亮丽的风景。

依然是长堤路，但早已向东向西延伸，成了环市通道，后来一再拓展，变得更整洁、更美丽、更宽畅。那是按照现代城市的交通理念所设置的无障碍式循环，让人真正领略了"车如流水"的意境，使人真正体会到人文关怀的深刻蕴含。

依然是海甸岛，但早已不是昔日的小渔村。当年摆渡的船舶早已驶进了历史博物馆。脚下的海甸溪，架设了人民桥，开始是木桥，不久改建为钢筋混凝土大桥；接着，又建起新埠桥、和平桥，还有新建的跨海大桥——世纪大桥。海甸岛成了商家必争之地，成了寸土寸金的风水宝地，成了滨海城市一颗熠熠生辉的明珠。

依然是海甸溪，依然一江清流，依然渔舟唱晚，但它唱出了海滨城市最美的诗章。夜钟轻敲，敲亮街灯，敲得一座城市热血沸腾，敲得桨声灯影中的海甸溪异彩纷呈。

溪流潺潺，灯影闪烁，水中的钟楼摇摇晃晃，缥缥缈缈。咫尺之遥的爱力大厦，更远一点的摩天大楼，这些傍河的现代建筑，向清流投入了一个个真实的影

长堤路钟楼

像，但所映照出的却是一座座虚幻的宫阙。这种真实和虚幻所体现的，是海滨城市的亲水性的特点。

有人评说，有人指点，有人欣赏，都说最美不过的是滨海滨江城市的跨江跨海大桥，是横跨两岸的几座大桥上的霓虹灯彩。唐人杜牧的《阿房宫赋》极尽生花妙笔，他描绘"长桥卧波"，疑之为龙；又叹息没有云绕，美中不足。可钟楼左右，竟有五龙横江。

水面是城市的秋波。有长桥横卧水面，有霓虹灯彩灿烂，有夜半钟声宛转，有不夜的市声喧嚣。夜半钟声在波光粼粼的水面上轻轻掠过，回荡着对滨海城市殷切的问候，体现了以人为本的亲切关怀。当然，最美的是聆听钟声的行人，他们是城市的创造者。

这就是海口钟楼，它是城市历史的文化遗存。她是一位智慧老人，她永远以不疾不徐的声音伴随潮起潮落的海滨城市，她永远俯视车水马龙的街市与虔诚地仰视她的市民。这就是海口钟楼，它铭记城市的昨天，它用"古钟新声"来歌唱现代化城市的明天。

动感龙华

文化城区，魅力龙华，富有动感，仿佛风云际会，四海财富聚合。

孟子云："观水有术，必观其澜。"火山岩蜕变观澜湖，观者如云。

当代"夸娥氏"偏爱火山，竟然搬来"民国旧街"，演绎城南旧事。

谁铸就"绿色丰碑"，谁铸就"绿色品牌"，且看姹紫嫣红万绿园。

这是有灵魂的城市，一半是火焰；这是有记忆的城市，一半是海水。

五里不同风，十里不同俗。且看海口历史源头，品位之城精神家园。

人文龙华，魅力城区，风起云涌，龙骧虎步，龙飞凤舞，动人心弦。

人生得意观澜湖

人生得意，一为读书，一为旅游。古往今来，见仁见智，莫非读书旅游的感受!

《论语》有一段对话，很有意思。孔子询问四个得意门徒：你们各有什么志愿？子路说想治理"千乘之国"，冉有说想治"小国"，公西华只想"宗庙之事"，唯曾皙低头弹琴不开口。孔子一再追问，他才说"异乎三子者之撰"。他的志向是在暮春约几个同伴到沂水洗澡，到舞雩坛乘凉，然后"咏而归"。孔子大加赞赏说"吾与点也"。

我想，子路、冉有、公西华听了孔子的话，一定会惊讶得目瞪口呆，心里想：老夫子怎么啦？其实，圣人也是有血有肉的，孔子说过："智者乐水，仁者乐山；智者动，仁者静；智者乐，仁者寿。"山水和仁智，一是自然现象，一是精神现象，怎能扯到一起？

还是孟子最理解孔子。《孟子·尽心上》中有一段话这么说："孔子登东山而小鲁，登泰山而小天下。故观于海者难为水，游于圣人之门者难为言。观水有术，必观其澜。日月有明，容光必照焉。流水之为物也，不盈科不行；君子之志于道也，不成章不达。"

大哉孔子，千古智者："观水有术，必观其澜。"圣人本意，尽心知命，追本溯源，了解根本，这种获知行为方式是一种所谓"君子志道"的思想。我想起了观澜湖，想起了这个集运动、商务、养生、旅游、会议、文化、美食、购物、居住等为一体的度假区。

据相关资料介绍："观澜湖在深圳、东莞和海口三地开发了四条生态路径，激发公众对当地文化遗产及大自然的热爱及向往。此外，观澜湖还在旗下各酒店设立了环保教育中心即环保生态馆，为青少年和客人们提供一个了解全球可持续发展举措及环保最佳实践的机会。这些持续的指引与教育，将会唤醒大众的可持续发展及生态旅游的意识。"

前些年，观澜湖项目落户海口，曾一时波澜涌起，议论风生。项目所在地原是火山岩荒地，万年熔岩，峥嵘突兀，枯藤衰草，干旱缺水。千年羊山，水缸是财富，婚娶标准流行"不嫁金，不发银，只看水缸与水坛"的民谣，山川唤水，大地唤水。

项目落户的羊山，是一个水贵如油之地。以"观澜湖"来命名，焉有澜

观澜湖一角

观？可谓风牛马不相及。然而，观澜湖集团高瞻远瞩，他们坚持"环境保护实践、保护当地自然和文化遗产以及对当地社区做出社会经济贡献是观澜湖可持续旅游发展的核心策略"。

可持续旅游发展核心策略催生"中国休闲产业的领航者"。观澜湖酒店建在火山岩上，居然设有"亲水乐园"。主题水上乐园建有适合一家老小的、精彩有趣的户外设施，包括水上乐园、历奇探险区及儿童乐园。还有池畔帐篷这样举行创意派对及宴会的理想地点。

全年都有举办不同类型的活动，包括主题水池派对、现场表演及创意美食节等，精彩纷呈。活泼好动的大小朋友可于泳池区内踢沙滩足球，而胆色过人的更可一试横越步行探险区的吊桥。

我想，观澜湖集团主席兼行政总裁朱鼎健博士必定熟谙"观水有术，必观其澜"的哲学思想，不然怎么会把目光投向这不毛之地。他高调发声：观澜湖始终将"关爱地球，保护环境"摆在战略发展的首要位置。作为中国乃至亚洲知名的综合休闲度假胜地，观澜湖把可持续发展旅游的理念融入酒店管理及对客服务当中。在可持续发展创新技术和环保实践的基础上，观澜湖在深圳、东莞及海口等地的度假区已经建立了超过 30 千米的自然文化遗产路径以及富有特色的环保教育中心，为观澜湖可持续发展旅游翻开了一页新篇章。

这也是老子"有无相生，难易相成"的哲学思想。观澜湖集团倡导发展休闲这个全新的朝阳产业，迄今已形成一个世界级的高尔夫和多元休闲产业群。观澜湖产业集群跨越深圳、东莞、海口三地，形成集运动、商务、养生、旅游、会议、文化、美食、购物、居住等为一体的国际休闲旅游度假区。其中以深圳、东莞为基地发展全球唯一汇聚五大洲风格的球会，以 216 洞的规模被吉尼斯世界纪录认定为世界第一大高尔夫球会。

老子说："修之于身，其德乃真。"朱鼎健说："我的目标是用一种崭新的方式将可持续发展旅游带入中国，让每一位国际游客和中国公民都能够切身体会到环境保护的重要性。在观澜湖，我们把可持续发展的理念融入日常的运营，像球童人工除草方案和太阳能灭虫系统，就减少了超过 50% 的草坪维护所需的化学用品。我们也与英国高尔夫环境组织密切合作，以此来推动高尔夫运动的可持续发展。其他措施包括实施回收计划，热回收系统为酒店供应热水；太阳能风能路灯以及 LED 灯等，以达到最大程度的能源节约。"

因此一举，观澜湖成了中国最负盛名的高尔夫国际赛事和国际体育、文化、商贸交流平台之一。迄今已引入和举办逾百次国际赛事及交流活动，每年有 300 万人次国内外宾客光临。观澜湖先后荣获全球"绿色奥斯卡"大奖——国际花园小区金奖第一名，世界高尔夫旅游最高荣誉大奖"全球最佳高尔夫旅游休闲胜地"。

海口观澜湖酒店设施包括楼高十八层的豪华度假式酒店、楼高九层的酒店副楼、楼高三层的会所、购物广场、宴会场地，以及设备完善的康体中心；集旅游度假、休闲娱乐、环球美食和温泉水疗于一身，是中国海南又一绝佳的旅游目的地。

海口观澜湖国际高尔夫度假村别出心裁，特地为世界各地的游客提供了一个集高球运动、旅游度假、休闲娱乐、环球美食和温泉水疗于一身的绝佳旅游目的地。在那里，游客将体会到前所未有的高球感受，不管是职业球员，还是业余球员，观澜湖集团声称，海口国际高尔夫度假村都是当仁不让的首选场所。多不胜数的世界级休闲养生设施，让人身心彻底放松，为追求休闲和健康生活方式的游客们提供了一个无可比拟的度假胜地。

不过，最为遐迩闻名的是名家云集的高尔夫国际比赛。观澜湖集团海口国际高尔夫度假村目前拥有三个 18 洞锦标级球场。尽显全球各地顶级球场设计风格及精髓的球场坐落在广袤的火山岩石地形上，此起彼伏地点缀了古老的树林和原生态自然湿地。特色球场及世界级的练习设施，给予初学及至技巧纯熟的高尔夫爱好者无与伦比的多样化专业高尔夫体验。

旅游是体验，读书也是体验。孔子曾在水边说："逝者如斯夫，不舍昼夜。"用现代的话来说，就是光阴像水一样流逝，无论是白天还是黑夜。话中平凡，但也属于这位哲人因山水而生的睿思，因而常引起人们的共鸣。那么，因山而想到水，在没有水的地方"观澜"，更需要哲人的睿思。短短几年时间，让火山荒丘变成旅游胜地，更需要哲人的睿智。

海口旅游得天独厚，与夏威夷处于同一纬度，拥有热带气候及天然壮丽景

致。这里的观澜湖度假酒店设豪华客房、高级豪华客房、尊尚客房、尊尚水疗客房、尊尚套房、总统复式套房等各式房型共 500 余间套，为顾客带来豪华与宁逸的超凡体验。酒店建有多间宴会厅及多功能会议室，并配备各类高级视听音响器材，配备至善至美。五个餐饮场所，中餐厅——邀月亭、会所西餐厅——Mag mag coffe、大堂酒廊——The Onyx Lounge、日式餐厅——Ukiyo、主体餐厅——Lava Bar&Grill 等，全日 24 小时供应各餐厅的特色环球美食，提供客房送餐服务。

海口观澜湖酒店拥有天然火山资源，其间融合七大洲设计风格、蕴含丰富养生矿物元素的冷热温泉，让宾客在体验强身健体、美容养颜等多种功效的同时，一览别样风情。此外，由观澜湖、华谊兄弟、冯小刚三方合资打造的"观澜湖华谊冯小刚电影公社"已开业，有 1942 街、老北京街、南洋街三条特色街道及电影园林景观区，专业影视拍摄棚也已相继问世。

特色街道"无中生有"但"无所不有""无奇不有"，三条特色街呈现了20 世纪整整百年间的中国城市街道风情，完整展现 20 世纪中国城市建筑演变史。而在这些特色建筑风格的街区中，还将聚集不同品牌和特色的餐饮、电影院、咖啡屋、精品酒店等配套设施。

习近平总书记在中国科学院第十七次院士大会、中国工程院第十二次院士大会上曾引用《诗经》中的诗句"周虽旧邦，其命维新"，随后又引用《周易》"天行健，君子以自强不息"，以及商汤《盘铭》"苟日新，日日新，又日新"之语，以此强调创新精神在国家民族发展中的重要性。由此看来，"观水有术，必观其澜"，取名"观澜"，意义大焉。

民国旧街　城南旧事

电影《芳华》播放，取景地声名大噪，冯小刚电影公社熙熙攘攘，盛况空前。人们徜徉民国旧街，寻找城南旧事，踏访《芳华》拍摄实景，游人云集，吵闹喧哗。电影再火爆也会落幕，可是那些故事发生地依然能让人回忆起电影中的情节，仿佛故地重游。

冯小刚电影公社位于海口市龙华区观澜湖海口国际高尔夫度假区，始建于2012年。这个以个人命名的电影主题旅游项目，由1942街、南洋街、老北京街等影视拍摄景观组成，是集实景旅游、实体商业、影视拍摄于一体的旅游区，每年约有200万游客慕名而来。

电影公社以冯小刚《一九四二》《唐山大地震》《非诚勿扰》等冯氏经典电影场景为建筑规划元素，创新旅游业态，打造综合娱乐商业街区，呈现百年间民国街市风情，完整地展现20世纪中国城市建筑的演变史，形成区别于传统旅游项目的独特设计风格。

电影公社有三条主要街道，每条街都富有文化情趣。

1942街具有浓厚的民国风情，它以电影《一九四二》中的重庆街道为蓝本，汇集当年重庆、武汉、南京、上海等主要城市的建筑风格。漫步旧街，仿佛穿越历史时空，体验民国时期的城市文化与生活。

民国旧街有三条街道：民主街、民生街和国府街。建造者匠心独运，因地制宜，依山造势，仿照山城，突出特色，特意设置了台阶。若少了台阶，就少了山城的山味，少了重庆所特有的街道坡陡、店铺阶梯层叠的街市味，自然也就失去了旧街的吸引力。

有意思的是民国旧街特地还原一些电影画面场景：招牌店家、人力车夫、街头卖艺、穿着打扮……看那样子，民国风格、旧街风味活灵活现，文化创意煞费苦心。因为如此，游人可以随之穿越，游走其间，随心所欲，与这些场景挨个合影，满足猎奇心理。

有人质疑，斥资造街，投入甚巨，是否值得？当然值得。观澜湖集团投资"造湖"，电影公社投资"造景"，一湖一景，声气相投，相辅相成，相得益彰，身价十倍。眼前，这些以冯氏电影场景为建筑特色的民国旧街，聚集众多品牌和富有地方特色的餐饮住宿、休闲娱乐产品，电影院、咖啡屋、精品店、精品酒店……这些令人难以忘怀的电影场景所诱发的怀旧情思，使得一个旅游商业街区横空出世，把一个世纪的中国城市街区演绎得淋漓尽致。

因为观澜湖大景区而诞生的这个集建筑旅游、电影旅游、商业旅游于一体

电影公社

的民国旧街，是谁有如此慧眼，信手拈来，不分东西，融会南北，深度融入电影元素，大视野，大手笔，还原电影场景，大巧若拙，大气磅礴，以建筑实体为依托，将人带入特定历史时代？

据介绍，游览电影公社，可欣赏冯小刚特意剪辑的40分钟的"贺岁集锦"——据说将在项目区影院播放。此外，明星物品店、怀旧时光老物件商店、明星字画廊、电影主题婚纱摄影、非诚勿扰精品酒店、天下无贼火车餐厅等也千呼万唤始出来，让人大饱眼福。

电影公社项目创新，投资方还新建了5—6座专业级的影视拍摄棚及配套地产设施。显而易见，借助海口得天独厚的环境优势，冯小刚意在将电影公社打造成中国影人和电影电视拍摄的一个聚集地。影片《芳华》的拍摄，显然唤起了经历那个时代的人的青春回忆。

于是，已经不再年轻的过来人寻寻觅觅，寻到这里。他们在民国旧街尽头找到了"文工团"大院，找到了"芳华小筑"，激活了沉潜在心底即将消失的青春、躁动和热血。至此一游，值不值得呢？人的记忆是个奇怪的东西，喜欢以特定建筑实体作为记忆纽带，特定的建筑还原得越真实，便越能够将人带入特定时代。可不是吗，唤醒记忆，生命无价。

电影公社入口处有一条"影人星光大道"，两侧由明星手印和签名组成。人们都说天地辽阔，可天地有时很狭小。就在这里，大腕成龙、刘德华、葛优、张国立等等列队集结。令人感叹，观众需要大腕，大腕也需要观众，彼此对视，心照不宣。

漫步影人星光大道，感受浓浓星光，你可以什么都想，也可以什么都不想。如果与自己的偶像不期而遇，说不定你会一时不知所措：是欣然前往，打个招呼，来个合影，或是请偶像签个名什么的？或许，你错把凡人当明星，不妨将错就错，那也是一件开心事。

有人寻找逝去的芳华，有人展现勃发的青春，电影公社多种风味，适合不同阶段的不同心理需求。年轻情侣喜欢异国风情，喜欢到南洋街欣赏南洋建筑，喜欢体验欧风美雨。似乎他们是特地来体验生活，特意融入街市，站着成了一道风景，走着也成了一道风景。

电影公社

　　南洋建筑特色鲜明，巴洛克式、罗马式、哥特式、南洋式建筑风格，应有尽有。其中以骑楼建筑较为典型。骑楼建筑，上楼下廊，特色鲜明，结合欧式建筑与南洋骑楼风格，中西合璧，楼房的顶饰、阳台、柱头等，藻饰精致，工艺精巧，庄重大方，典雅高贵……

　　漫步南洋街，风从南洋来。环顾街区，堂皇富丽，街头牌坊、店铺、钟楼、小桥、教堂等建筑很有意趣。不用跨洋越海，可以舍远求近，就在这段街区体验南洋风情。你可在老爷车旁流连，可与人力车夫合影，但最好别走进南洋街肯德基，因为他们异代不同时。

　　南洋街有很丰富很随意的选择，那不同品牌的特色餐饮住宿、休闲娱乐产品，还有海盗酒吧、黎族故事、新新娘婚纱摄影，以及泰越风情馆、王家峰木雕文化艺术、海口非遗文化馆、酷秀海洋虚拟现实馆、电影声音体验馆……南洋特色的复古装饰散发着浓郁的远洋气息，眼前所见，表现了南洋文化与特色建筑的相互交融。

　　有人认为，真实的南洋老街是已摘取"中国历史文化名街"的荣誉桂冠的海口骑楼，电影公社南洋街不过是"山寨制品"。这是一个经济社会发展过程中深层次的文化问题，它的权威评价与决定应由观众的喜好来判断，这里只是真实记录下现实场景，不想展开评论。

　　南洋街展现了"一带一路"和海南地域特色，可贵之处在于不仅还原南洋风情建筑和街道，还原当铺、洋服铺、武馆、药铺、凉茶铺、饼屋等南洋商业风情，而且设有迎合观众口味的实时演艺，让观众感受到南洋文化风味。南洋街还吸引新加坡、马来西亚、泰国、印度尼西亚、印度等"海上丝绸之路"沿线各国一些商号商户，他们参与经营，意义非同小可。

　　明明是人造景观，但仿造得天花乱坠，以假乱真，不仅仅是建筑造型、立面装饰的刻意模仿，更重要的是街景营造的逼真，店铺经营场景的"真实"，是真实到不容置疑的，而活动其中的活生生的经营者和四面八方纷至沓来的游人，已与旧街融合在一起。

　　电影公社秉承历史传统与文化精神，以人文至诚与文化执着，使 300 余米

电影公社

的南洋风情街区屹立着 70 幢中外建筑风格互相交融的南洋骑楼建筑，此举的确大气磅礴。大匠运斤，不见斧凿之痕，但见建筑细节，精雕细琢，艺术精湛，美轮美奂，令人叹为观止。

游人通过物质形态，准确地说是通过各具特色的街区店铺，林林总总、千姿百态的各种招牌，透视 20 世纪百年间我国城市建筑演变的历史轨迹。通过不同历史阶段建筑文化构建的特质的不同，实现电影艺术与建筑艺术、传统商贸与现代商旅相当完美的结合，这是电影公社文化创意的高妙之处，也是游人不远万里奔赴这里使得旅游景区火热的原因。

随着城市化进程不断加快，全国城市建设花样翻新，特色小镇风靡一时。然而，打的是特色招牌，可是大多是千部一腔、千人一面，了无新意。电影公社与众不同，之所以出类拔萃，让人不能不来、不得不来、来了再来，原因是"只此一家，别无分店"。

笔者曾几次带朋友去电影公社，几番徜徉民国旧街，朋友说仿佛真的找到了城南旧事的感觉，不过就是缺少了马车和桂花树。要知道，这是冯小刚为了拍戏特意打造了这么一个老重庆、老上海的民国风格街道，是在荒无人烟的火山岩上建起来的"只此一家"。

只有此家冯小刚电影公社，全国"别无分店"，这就是小镇特色。这是海南特色，海口特色，龙华特色。以民国时期文化为背景的仿古建筑，彰显了龙华旅游特色。因为龙华接纳了冯小刚电影公社，同时也扩大了龙华的知名度，没有别处，全国"只此一家"。

电影公社

姹紫嫣红万绿园

三个月铸就一座"绿色丰碑"

1994 年 10 月 18 日，中共海口市委常委扩大会议决定全市军民共建"万绿园"。

这项任务之艰巨，规模之浩大，影响之深远，均非此前几项工程所能类比。

很快，"万绿园"的名字传遍椰城传遍全省，传遍千家万户，引起密切关注。

就像一个强有力的磁场，几十万颗心围着万绿园跳动。从市长到普通市民，从离休干部到幼儿园小朋友，不知有多少人为它付出爱的奉献，为它描绘绚丽的明天。

三个月时间，全市共收到认捐建设万绿园的善款 1000 多万元，按当年常住人口计算人均 20 多元。这笔巨款来自四面八方，其间有小学生的压岁钱，有不肯记名的普通共产党员的"特殊党费"，有带着军功章的女战士的奖金，每一笔款都饱含浓浓的爱心。

三个月的时间，驻市"三军""三警"和当年的振东、新华、秀英三个区以及海口市城市开发建设总公司，十个责任任务单位昼夜奋战，共同填土 90 万立方米，种植树木花卉 2 万多株。植物王国里的"世纪老人"——大榕树和大王棕、柬埔寨的糖棕等"侨民"捷足先登，到万绿园落户。当时，大批"移民"连续动迁，首期建设任务超额完成。

不管是小孩的1元钱，还是首长的1000元，点点滴滴都凝结着椰城人对生命底色的厚爱。不管是一株小草，还是一棵大树，一枝一叶，都寄托着海口人建设家园的热诚。如果说，1984年深圳人以三天建一层楼的特区速度使国民刮目相看，那么，1994年的海口人以三个月的时间建设1070亩（1亩≈666.67平方米）园林的壮举则使海内外人士啧啧称赞。来自北京的几位园林专家参观后惊叹：万绿园的规模、特色、速度，全国绝无仅有。

这是何等壮举，三个月铸造了一座"绿色丰碑"！

绿色海口的文化品牌

万绿园是绿色海口的文化品牌，它以浓郁的绿色、饱满的热情，淋漓尽致地演绎"绿水青山就是金山银山"的生态理念；它以姹紫嫣红的色调，在城市

万绿园

欢乐万绿园

形象、环境品牌、文化窗口、友谊广场和休闲广场等方面充分展现了海南省会海口的生态品位和城市品质。

万绿园是海口的城市形象。它是海南生态省的都市园林，是海口生态市的城市名片，为绿色海口树起了一座"绿色丰碑"。绿草如茵、绿树如云，它所象征的是脚下这座城市的蓬勃生机和无限活力；椰树高耸、繁花似锦，它所体现的是省会城市的环境特征和城市魅力。

万绿园是海口的环境品牌。从自然环境来说，万绿园是热带滨海城市的生态园林，是国家环保模范城的绿色品牌，是"中国人居环境奖"宜居城市的绿色屏风。大块绿地、大片绿树，蓝天白云、椰风海韵，赏心悦目的城市绿洲，所体现的是海口人民环境优先的发展意识，是现代城市的可持续发展的绿色财富和环境支撑。

万绿园是海口的文化窗口。它不仅是植物大观园，而且也是海口人民的精神家园。不管是万春会、欢乐节还是中秋节、国庆节，或是其他文化活动，万绿园都是文化视点。作为是海口的文化窗口，万绿园不仅体现了绿色海口的生态文化、园林艺术，而且还体现了文明礼让、积极向上的城市精神，它为人文海口树起了文化标杆。

万绿园是海口的友谊广场。万绿园的每一株花丛、每一片草坪、每一棵绿树都写满了广大市民"住在海口，热爱海口，建设海口"的爱心宣言；那里头的生日树、感恩树、纪念树、长寿树、爱情树，那数不清的绿树红花，都是城市文化的结晶，而那些枝繁叶茂的"友谊树"，将永远见证外国友人、外地朋友和海口广大市民的友谊长青。

万绿园是海口的休闲胜地。万绿园建设所体现的是以人为本的城市意识，这里的管理所营造的是人民城市的人性关怀。建园以来，平均每天接待数万人次的市民和游客，他们与苍苍绿树、茵茵绿草、悠悠白云，构成了一幅人与自然和谐的欢乐图景。万绿园成了市民晨练健身、休闲漫步的活动场所，成了团队参观、团体活动的旅游景点。

三园合一，整体提升

2016 年，海口"三园合一"景观提升工程拉开序幕，万绿园、世纪公园、滨海公园和龙珠湾用地范围合一，功能互补，相辅相成，华丽转身，整体提升为集生态、运动、教育为一体的城市中央公园，同时满足市民以及游客全年龄、全天候各项休闲活动的需要，起到展示海口城市生活、城市形象、城市文化的窗口作用，建成海南园林建设的典范。

"三园合一"，总面积约 169.5 公顷；其中，水域面积约 19.1 公顷，其面积之大、范围之广，令人瞩目。三园功能，各有侧重。总体布局，"四轴两带"，"一核三心"。

"四轴两带"，是世纪公园及滨海公园景观轴、龙珠湾景观轴、万绿园景观轴、三园串联轴以及滨海景观带、滨海大道景观带，合为一体，蔚为大观。"一核三心"，是以龙珠湾为景观核心，外加世纪公园景观核心、滨海公园景观核心以及万绿园景观核心。

依托"三园"，总体布局，统筹谋划三级景点。一级景点为"三园十景"，包括"绿林鸣响""鸾舞晴空""椰林探奇""揽海夕照""清漪濯音""龙珠观澜""水廊椰韵""椰海听涛""虹桥卧波""静颐湖";二级景点为"园中园景";三级景点为"园中微景"。

万绿园、世纪公园、滨海公园等"三园合一",规划范围总用地面积近170公顷,被喻为海南岛北门的"绿色客厅"。这"三园合一"到底合在哪里,有何看点?

"三园合一",既是形象合一、功能合一、交通合一、景观合一,更是规模扩大,形象拓宽,功能拓展,交通延伸,景观交融,是园林胜景,是情景交融。

形象合一,包括名称、logo(商标)、标识系统等合一;功能合一,是各有侧重、相互联系、互相支撑;交通合一,包括外部交通的整体优化和内部交通的有机联系;景观合一,则是公园和城市之间城景交融,公园内部互相借景,公园绿化及配套水平一体化提升。

"三园合一",但功能上亦互分。在规划侧重上,万绿园以生态为主,主要容纳游憩、观光、休闲及节庆等功能;世纪公园以运动为主,主要容纳运动、健身和体育赛事等功能;滨海公园以教育为主,主要容纳青少年文化教育、科技展览、素质拓展等功能。

在万绿园,游人享受全生态景观,热带植物展示区有花香园、果硕园、药草园,滨海花园景观区建有芳草雨露的生态雨水花园,密林景区能享受林间的乐趣,花海景观区能遍赏四季花海,内湖景观区有各种亲水活动,疏林草地区可进行各种集体活动。

2013年11月9日,习近平总书记在关于《中共中央关于全面深化改革若干重大问题的决定》的说明中指出:山水林田湖是一个生命共同体……生态修复必须遵循自然规律,如果种树的只管种树、治水的只管治水、护田的单纯护田,很容易顾此失彼。

从这个意义上看,"三园合一",总体考虑,功能优化,事半功倍,是从更高层面上进行生态修复。在世纪公园,规划建设有景观泳池及为泳池配套服务的综合配套用房,并有户外体育用地、室内运动场馆、桥下运动艺术长廊等设施,提供运动和艺术活动的空间。

　　城市园林的主体是广大市民，园林建设的目的是造福市民，是建设老少咸宜的休闲场所与文化空间。滨海公园承接青少年活动中心、结合未来的科技馆、海南园林示范园等，打造一个课外学习、老少皆宜的学习平台。三园之间，漫步道串联，四通八达。

　　从建设万绿园到扩建世纪公园到改造滨海公园，海口的城市园林迅速扩展，城市绿化规模不断扩大，绿色城市的内涵逐渐深化，生态建设的质量不断提升。"三园合一"是城市绿化建设的大理念，大气魄，大手笔。城市的主体是人，是人与自然的和谐。

　　三园之中，最值得称道的是整套慢行系统。以骑行道、跑步道和漫步道为核心的慢行系统设计，形成三园有机联系的园路体系。三园设计的环状漫步道长 6 千米，可进行小型马拉松赛。与普通漫步道不同的是，这漫步道尺度亲切，环境亲人，设施宜人。

　　漫步道有如一根连心线，将三园有机地联结起来，将运动健身与园林景观联结起来，将现代海口与城市园林联结起来，将美丽滨城与小康建设联结起来。从万绿园到"全国文明城市"，绿色财富是文明城市的最大财富，"三园合一"的绿色财富是最大财富。

椰城芳草地

火山与湿地邂逅

海口是一座有灵魂的城市，海口是一座有记忆的城市。

海口的城市灵魂、城市记忆，一半是火焰一半是海水。

一

海口的城市灵魂是火山熔岩，那是生命的原动力。早在1万多年前，火山爆发，烈焰冲天，地裂天崩，山呼海啸，板块移动，山河改观。于是，有了海南岛，有了琼州海峡；有了火山群，有了火山口。可以想象，火山充满野性，充满激情。它一次又一次怒火冲天，一次又一次翻江倒海；它一再喷发，一再怒吼。折腾够了，撒野累了，悄然进入休眠状态。

火山熔岩冷却，新生命开始。散落在山野间的，依靠气孔呼吸，雨天吸收水分，晴天释放水湿，成了生命的摇篮。被开采利用的，或建房造屋，或架桥铺路，或者成了石器，在火山村镇大放异彩。城市记忆是原生村镇的记忆，那是城市的老祖父老祖母。那是城市火山与滨海湿地的邂逅，水火相济，天地交泰，阴阳调和，成就了滨海滨江城市的绝世之美。

探访死火山口，深入火山湿地，触摸火山村寨，走进火山石屋，会使人亲切感受到火山湿地的生命律动。我说的是获得第一批"国际湿地城市"荣誉称号的海口，说的是世界地质公园——海口石山火山群国家地质公园与广袤的海口水城构成的湿地城市独特景观的无与伦比之美。然而，我更欣赏海南省级湿地公园潭丰洋，它保存城市基因，保存城市野性活力。

比起美舍河湿地公园，潭丰洋显得较为偏僻，远离市区，因为如此，它保存的火山湿地没有多大破坏，相对显得原汁原味。潭丰洋，那里的火山与湿地为世代居住在海口的各类生物保留了最原始的生态领地、最辽阔的生活舞台，这也是其生态价值、文化价值之所在。

龙华有文化自觉，有生态眼界，有长远境界。龙华区委、区政府认识到，湿地是"地球之肾""淡水之源""物种基因库""储碳库"，是人类文明的摇篮，是自然生态空间的重要组成部分，与森林、海洋并称为全球三大生态系统，是自然界最富有活力和生产力的生态系统之一。因而，为城区自然环境保

潭丰洋湿地

护，为城市生态优化，他们不遗余力。

龙华湿地是区属宝库，潭丰洋湿地不仅发挥着涵养水源、蓄洪抗旱、净化水质、调节气候和保护生物多样性等多种生态功能，还是龙华城区重要的生存环境和资源资本。为此，早在 2017 年 8 月 13 日，龙华区农林局为贯彻落实省、市政府湿地保护工作部署，在深入调查研究的基础上，发布了《海南海口潭丰洋省级湿地公园总体规划（2017—2021）公示》。

该公示标明：潭丰洋省级湿地公园位于海口市羊山湿地南部，规划总面积 662.22 公顷，地理坐标介于东经 110°18′10.97″~110°22′54.64″、北纬 19°45′29.76″~19°47′58.59″之间，东至新坡镇牛尾沟南渡江入江口，南至新坡镇卜文村长钦湖南侧 217 乡道，西至新坡镇卜茂村桥头坝水库，北至龙泉镇仁新村委会，其中新坡镇涉及仁里、仁南、新彩、光荣和新坡等村委会，龙泉镇涉及仁新村委会。

这是相当于 9 个城市公园——万绿园的规划面积，需要耗费巨大人力、财力、物力。规划实施得到海口市发展和改革委员会的支持，同意该项目主要建设内容为湿地公园建设工程、土地整治工程两部分。湿地公园建设工程为湿地保护工程、农田生态防护工程、道路交通工程、景观系统工程、湿地产业工程、科研监测工程、科普宣教工程和公共服务设施工程；土地整治工程为土地分类整治工程和灌溉排水工程。

从田洋成为湿地公园，2013 年海口潭丰洋片区被列入南渡江流域土地整治重大工程范围。但是，潭丰洋一旦客土回填，势必导致原有的湿地田洋全面消失；如果水利硬化，改造结果势必改变河水流向，影响鱼类、鸟类生存环境。为此，2016 年全省"多规合一"实施，市政府对潭丰洋湿地进行全面摸底调查，13193 公顷湿地纳入了生态红线保护范围。

2017 年底，潭丰洋正式获批为海南省级湿地公园，林业部门履行职责，对潭丰洋全面开展生态修复保护，明确合理利用和科教宣讲区域，制订湿地规划，逐步对潭丰洋进行合理利用和有效开发。目前，潭丰洋湿地公园已成为海口市民周末休憩游玩的好去处。

二

时值九月，秋高气爽，惠风和畅，潭丰洋湿地草木丰茂，泉水清冽，空心菜、豆瓣菜等水生植物在秋风中舒展绿叶，生机勃勃。洋边坡地，番木瓜青黄浅绿，缀满树干；柠檬迎风摇曳，硕果累累。湖畔老榕，冠盖如伞。树下的大青石上，当地村民边摆卖农产品，边下石棋，悠然自得。一方水土养一方人，老天爷竟然如此偏爱生活在潭丰洋畔的村民。

最有意思的是在一旁疯玩的孩子，他们在玩耍，也在做"小生意"，卖小螃蟹。孩子们天真烂漫，有的骑着童车，"车箱"里居然是小螃蟹；有的用丝线拴住小螃蟹，任其"横行霸道"，以之引诱随家长来潭丰洋游玩的小朋友，这一奇特的售法居然屡屡得手。

看着眼前小朋友玩耍的小螃蟹，我想起了大名鼎鼎的已成为中国国家地理

大榕树下

标志产品的阳澄湖大闸蟹，想起了闻名遐迩的东寨港红树林小膏蟹，两者市场畅销，待价而沽。潭丰洋这名不见经传的小螃蟹，能不能经过培育，堂而皇之登上市场排名榜而造福一方百姓？

长期以来，东寨港红树林的小螃蟹很受食客欢迎，就是蟹酱也深受家庭主妇喜欢。退一步说，潭丰洋的小螃蟹不也可以制成蟹酱吗？据介绍，母蟹的繁殖能力超乎寻常，每次母蟹都会产很多的卵，数量可达数百万粒，偌大的潭丰洋应该成为小螃蟹的大世界。

然而，家长关注的是原生态的潭丰洋水生蔬菜。这里种植的水生蔬菜，鲜嫩、清脆，口感软滑，入口就化，很受欢迎。海口火山田洋生态保护与可持续发展中心主任、青年创业者周缘对此慧眼独具，认准原生态水生蔬菜的市场价值与开发前景。2016 年，周缘把眼光投向潭丰洋湿地公园，把湿地保护与开发有机地结合，开始走生态湿地农业创业之路。

在此之前，潭丰洋畔村民对湿地利用大多局限于湿地近围垦养鸭养鹅，水生态环境日渐退化。随着养鸭养鹅数量增多，围垦水体恶臭，效益逐年下降。长远设想，周缘利用浮床种植水生蔬菜、水生花卉，水中套养鳝鱼、泥鳅，使多物种平衡稳定而优化湿地生态。

周缘深爱潭丰洋大片湿地，深爱海口辽阔无边的湿地，他学农业专业，了解农村，深知农民致富不易。"销售泉水水生蔬菜、销售火山湿地特产、开展萤火虫生态复育、推动田洋湿地农业示范。"周缘列出立足未来发展的计划、保护与开发湿地的计划。

周缘不仅为村里争取到特色产业扶持资金、扶贫资金，而且从长远考虑，决定帮助村民长期增收，他认为这关键在于扶志与扶智。经过比较，他发现施用化肥的水芹批发价每斤 2.5 元到 4 元，而在湿地里种出来的水芹没有土腥味，批发每斤 6 元钱都会有人收购。

看到节假日来村里旅游的人越来越多，龙华区新联村委会雅咏村村民庄才宏和另外两个村民一起开了家农家乐。泉水空心菜、水芹、老鸭、螃蟹、芋头梗……这些都成了当地的招牌菜。"很多游客吃完还要买很多食材带回去，我们农家乐夏天营业额一个月能达到 1.5 万元。"这是一个农村致富的窗口，湿地特产与休闲旅游有机结合的文化窗口。

随着农家乐越来越多，仁里村村民希望政府或者有能力的企业帮他们修建油污处理系统。庄才宏说："潭丰洋湿地是我们生存的根基，不能被污染，也不能被破坏。"

三

"国际湿地城市"代表一个城市的生态成就、发展理念、城市文明，是目前国际上在城市湿地生态保护方面规格高、分量重、含金量足的一个奖项。

是啊，湿地是人类生存和发展的主要环境之一，在人类发展史上举足轻重。可是，由于城镇化进程不断加快，湿地生态系统遭受不同程度的破坏，造成洪涝灾害加剧、干旱化趋势明显、生物多样性急剧减少等生态灾难。我们欠有历史之债！

海口自古有"水城"美誉，河流、沼泽、湖泊、水库纵横交错，它既是"水口"亦是"火口"，世界地质公园火山口与广袤的海口水城构成了湿地城市的独特景观。滨海湿地、河流湿地、湖泊湿地、人工湿地等4个湿地类及11个湿地型，湿地率达12.7%，湿地保护率达到55.53%，海口作为国际湿地城市地理资源优厚，人

蛇形桥湿地

潭丰洋湿地

文资源蔚为壮观。大会宣布海口荣获首批国际湿地城市的授奖词虽然只 70 个字，但蕴涵丰富，诗意盎然。

湿地是以水为基本要素的地方，涵养着生态环境以及相连的植物和动物。作为人类文化遗产的一部分，湿地是世界上最富有生产力的生态系统之一，与人类各个时期文化的形成密切相关；湿地还是生命的摇篮和历史文明的源头，更是人类文化传承的载体，它所特有的美学、教育、文化和精神等功能涵盖了艺术、文学等人类文化各个方面的珍贵财富，是极其丰富的文化财富和人类艺术创作的文化源泉。

从空中俯瞰海口，那一片沟壑纵横、绿意浓郁的大片风景，就是为海口赢得世界声誉的湿地腹地。羊山熔岩湿地众多的火山村落、热带北缘广袤的红树林湿地、滨海湿地、城市内河（湖）等修复湿地，那是上苍赋予海南岛的绿野仙踪。潭丰洋、美舍河、五源河、新旧沟以及东湖与西湖等等，每一片湿地，都隐含着历史厚重的海南故事。它既遥远又亲近，既神秘又阳光，那流传千年的往事，至今仍撼人心魄。

作为中国历史文化名城，海口曾经获得多项荣誉，拥有"中国魅力城市"

动感龙华

·223·

"中国最具幸福感城市""中国优秀旅游城市""中国休闲美食名城""国家环境保护模范城市""国家卫生城市""国家园林城市""全国文明城市""全国双拥模范城市""最具创新力国际会展城市""中国人居环境奖"等荣誉称号，2017年入选"中国最具投资潜力城市50强"，成为中国海之南最为璀璨的明珠。但对于走到中国改革开放历史转折点的今日海口，"国际湿地城市"这项荣誉的意义显然不一般。它是海口城市发展历史上的一个标志性荣誉。

"以羊山湿地为例，不少湿地是次生湿地，与人类长期的活动分不开。"一片水田，也是湿地，湿地保护志愿者卢刚说，如果长期无人耕种，它将会旱化、生满野草，最终造成湿地退化，环境破坏。"只有人人参与生态保护，以此为作用力，引导人们用正确、科学的方式保护湿地、保护生态，才能保持和提高生态环境。"

四

纯净的野外水系，丰美的水草，古老的火山石，种类丰富的动植物……从海口市区出发驱车往南，辽阔的土地上刻画着万年前火山喷发的痕迹，在这里，孕育着一种特殊的地理和生态环境——羊山湿地。

它不但是海口的"肺"，更是海口的"肾"。由于地势低洼，并有丰富的天然涌泉，因此出现种类多样、星罗棋布的湿地，形成了独特的火山湿地景观。

湿地与火山邂逅中城市灵魂升华

潭丰洋湿地

作为我国唯一的热带火山熔岩湿地，羊山湿地包括永久性河流、季节性河流、洪泛湿地、永久性淡水湖、草本沼泽、淡水泉、库塘等多种湿地类型，堪称"海口湿地博物馆"，更是世界宝贵的自然遗产。

森林与湿地一直在进行地下水与地表水的交换。湿地上的植被摇荡起伏，减轻或减缓了水体对岸线、河湾及湖岸的侵蚀，从而保护住森林。

火山石不仅可以给微生物提供很好的栖息地，还可以让植物便利地吸收水分，利用清澈的泉水和火山的特性，多年来羊山地区村民农耕以种植水稻以及水生蔬菜为主。当地人对火山石可谓物尽其用，经精工巧作之后，搭建出当地特有的火山民居，不仅冬暖夏凉，而且防风、隔音效果好。

生态立市，制度先行。在"多规合一"的引领下，海口制定了湿地保护专项规划和一系列湿地保护规章制度。

2016年，海口依据国务院办公厅发布的《湿地保护修复制度方案》，制定了《海口市人民政府湿地保护修复制度工作实施方案》《海口市湿地保护修复三年行动计划（2017—2019年）》，从政策上保障湿地的长久建设。

2017 年，海口市政府出台《海口市湿地保护修复总体规划（2017—2025)》，进一步明确要建设一批国家、省级湿地公园和湿地自然保护区，到 2025 年全市湿地保护率提高到 60%以上，打造具有国际示范意义的"海南岛湿地之城"。

海口市湿地办有关负责人介绍，目前海口湿地主要有四大板块：羊山火山熔岩湿地、热带北缘红树林湿地、北向滨海湿地、城市内河（湖）修复湿地。前两个板块属于"天赋异禀"，重在保护；后两个板块是海口推进新时代生态文明建设中对湿地的再认识，重在修复。

2016 年，海口全面打响"湿地保卫战"，以美舍河这块最难"啃"的硬骨头为突破口，采用"控源截污—内源治理—生态修复"的科学治理手段，仅用一年时间就将美舍河打造成国家级水利风景区，将河流示范段之一的美舍河凤翔湿地公园建成国家级湿地公园。

做好综合利用，湿地产业能生金，湿地保护与开发，前景远大。

"'村官'改选我卸任了，找了一份新工作。"大学生村官周缘说。

在海口的湿地保护志愿者中，不到 30 岁的周缘小有名气。在海口市龙华区仁里村，他是被大伙儿选出来的大学生村官。村里搞美丽乡村建设，他开展生态调查，提出对潭丰洋湿地进行生态修复。湿地的远大前景在于，你对湿地投入了巨大的热忱。

而现在，周缘的新名片是海南畅达相易农业发展有限公司执行董事，从事的依然是与湿地相关的湿地经济植物种植。水芹净化氨氮，亩产值可达 1.4 万元；水菜花是很好的蜜源；蚯蚓养殖改善土壤，蚯蚓土市场价格为 2000 元一吨……这些生态公共产品，同时也是田间的生态经济作物，推广开来，既降低了湿地的维护成本，又能让农民获益。

湿地与火山邂逅，与城市发展联姻，湿地在城市记忆中灵魂升华。

民俗文化　异彩纷呈

俗话说："五里不同风，十里不同俗。"这里说的"风俗"也称为"民俗"，既是社会意识形态之一，又是一种历史悠久的文化遗产，是国家历史文化名城的文化瑰宝。

海口四个城区，虽然风格相近，但也各具特色：琼山，琼台福地，古老城区；秀英，火山公园，山海交辉；美兰，蓝色海岸，架海擎天；龙华，兼而有之，异彩纷呈。

龙华，阳光海口的历史源头，品位之城的精神家园，娱乐之都的人文善地，文化名城的文明视点。西汉将士顶着烈日，在龙华设立珠崖郡治，这是海南历史文脉的发源地。

万绿园是城市客厅，市民与游客的精神家园；观澜湖，明星汇聚，电影公社，闻名遐迩；海口中山街道骑楼，全国十大历史文化名街之一；东西湖三角池，东鳞西爪，片羽吉光。

以上是泛泛而谈，具体来说，博大精深的民俗文化来自乡土眷恋与精神信仰，蕴积于鲜活的乡土元素。浓厚的文化沃土，表现于罕见的节日经济，体现在自觉的价值认同。

传统庙会具有非凡的文化力，民俗文化具有旺盛的生命力。它根植于乡土社会的文化沃土之中，它离不开乡土历史的人文滋养。看今朝"冼夫人"沙场点兵擂天鼓，忆当年梁沙坡开府设帐搭帅台，我想起了海南名贤梁云龙，想起了他立功报国，想起了他的故园情结。

开府设帐梁沙坡，开始了上接千年、下启万代的民俗文化之旅。今天，面对越闹越热的冼夫人传统庙会，一股寻根刨底的冲动悄然而生，使我在子夜走进冼太夫人庙大殿。

作为海南岛久负盛名的民俗庙会，海南军坡节（冼夫人信俗）已列入国家级非物质文化遗产名录，新坡镇冼太夫人庙已成为军坡文化传习所，成为乡土文化的一朵奇葩。

于是，新坡冼庙越闹越欢，海口军坡越闹越热……这是一种"晕轮效应"，媒体对此宣扬：新坡冼太夫人庙是军坡发源地，在此"装军"布阵，已历时1400多年。

其实，最早的冼庙在中和镇。南宋绍兴年间（1131—1162年），宋高宗封冼夫人，并钦赐庙额为"宁济"。苏东坡贬琼居儋，曾拜谒冼庙并题诗"冯冼古烈妇，翁媪国于兹"。

据了解，全岛供奉冼夫人神躯的庙祠有300多座，其中专祀冼夫人的有139座。冼太夫人庙原址在梁沙村，"冼太夫人庙遗址"石碑镌有"明万历三十年（1602年）间梁云龙始建，清嘉庆辛未壬申年间（1811—1812年）迁址多源龙盘地（即今址）"的字样。

也许，冼庙始立，规模很小，尔后扩建，也不很大，但不管是始立之初，还是扩建之后，"婆祖"开府设帐，庙会"装军"点兵，地点就在梁沙，而且轰动一时。人们模仿冼夫人沙场点将，挥师出征，场景风发飙拂，虎跃龙腾，与冼庙的始建者梁云龙密切相关。

进入清代，特别是"康乾盛世"，经济发展，人口增加，村庄规模扩大，原来梁沙冼庙旧址场地狭窄，"每逢诞节，四方来集，坡墟几无隙地"，于是冼庙迁至梁沙坡。

冼太夫人庙迁建以来，200余年，屡经整修，庙貌雄伟，藻饰华丽，美轮美奂。欣逢太平盛世，传统庙会已成为民俗文化盛会，成了琼北民众纪念冼夫人的盛大集会。

新坡庙会,历时长久,"装军"巡行,气魄宏大,惊天动地。咸丰《琼山县志》载:"正月下浣,乡民竞抬本境之神,以与邻村所祀者相会,因而刲羊击猪,聚会饮酒,唱演土戏,谓之'装军'。"乾隆《琼山县志》记载:"正月下浣……唱演土戏,谓之'装军'。"

农历正月十九,龙华区遵谭镇咸东村西堡庙的传统庙会应时而至,轰动一方。

西堡庙,全称为"灵山六位大王庙"。用当地信众的话来说,西堡庙不像东谭村珠崖神庙——又叫灵山祠,也叫六神庙,他们就这么一个名字——六位大王,是"行不更名,坐不改姓",用不着遮遮躲躲,不必用几副面具,教人云里雾里的,摸不着头脑。

咸东村委会9个自然村,全体村民世代尊崇西堡庙的六位大王为"九村境主"。因此,西堡公期是9个自然村的庙会。因辖地广大,信众太多,来客太

西堡庙

銮驾出巡

多，所以庙会活动早在初二已做安排。就在这一天，六位大王"商量"妥当，如果六神銮驾一同出动，同往一处，势必顾此失彼，只好化整为零。于是，由灵山公决定什么时间到哪个村、哪个子孙家……

其实，这种安排也不是由神自己决定，而是公众决议。方法是在上一年的公期，六神銮驾"回朝"安座之时，由决意"请神"的各家自定要请哪位"公"。由于要请神的有好几百家，庙会主事决定"公平竞争"，就由大家来掷"阴阳赦"，也叫"三阳三圣"——那是由两片木头做成的椭圆形的合在一起以决阴阳的法器——外圆面为阳，内平面为阴。

操作时将两片木头合在一起向上掷，看落地一面是阴是阳。如果连掷三次，落地结果都相同，即三次都是"三阳""三阴"或"阴阳赦"，就可以优先请神，由幸运者自己决定请哪位神。试想，六位神灵一家轮一天，从初二到十九共18天，也只能去108家。选不到神的人家只能说时运不济，或者说是六神公要你等待，等到明年公期之日再碰运气。

正月十八是西堡庙会最热闹的时刻。当天下午，六神銮驾出庙，要到晚上11点才回庙，届时在庙前"摇公"。这是一种奇特的庙会场景，先是抬公巡村，入住子孙祖屋，与子孙祖先同享祭祀。谁知回庙时竟被抬公信众猛烈摇晃，以考验神灵的忍耐程度，以铺扬"人神同欢"的欢乐场面。"摇公"结束，六神公与信众一起观看琼剧特别演出的《玉璧情》。

六神"銮驾出巡"之时，只见抬公信众一边走一边鸣炮，一路欢声雷动，一路烟雾弥漫。我到儒黎村吴坤宝家时，得悉他家迎到六神中的"琼崖公"。去年公期之日，吴坤宝掷"阴阳敕"时"连中三元"，琼崖公托梦于他。今年如愿以偿，与祖公并排列坐。

我与吴坤宝早年相识，他是当地著名石匠，憨厚善良，手艺纯熟，勤俭持家。新建小楼庭院宽阔，门前空地已辟成菜地。眼前，蔬菜嫩绿，茄子紫亮，蒜苗苍青，满园生机勃勃，一派家给民足的样子，一看就知道家庭和睦，日子祥和，生活滋润。也许是为了报恩，吴坤宝延请神灵与戏班，人神同乐，庆贺新居……山村百姓用这种淳朴的方式打发日子。

吴家好热闹，主人好热情！"八抬大轿"在八音声中起驾，在众人簇拥之

儒黎村"请神"仪式

下前行——琼崖公迎来了。轿夫很有意思，都是左邻右舍，平日互相帮衬，今年你家迎，明年我家迎，目的都一样，祈求公祖保佑五谷丰登、老少平安，这是地方风俗，是乡亲的共同愿望。

在震耳欲聋的鞭炮声中，琼崖公"登上"神坛，旁边是灵山镇台大王、吴太师、黄夫人、华光大帝和本境土地福德正神。吴家不仅迓迎神灵，而且还唱戏酬神，他们请来"袖珍剧团"唱琼剧，剧场就设在厅堂里，演员就在厅堂里化妆，戏就在神灵的眼皮底下唱。

香烛在烧，香烟在飘，八音在奏，演员在唱……今晚唱罢，明天还唱；主人在设宴，今晚宴罢，明天还宴。据说，当晚有几十人用餐，明天还有上百人；今晚琼剧演罢，明晚还要继续。明天才是十九，公期才正式开始，今天不过只是"彩排"，一年只为这一天。

这就是乡土眷恋，这就是村民意愿。它根植于本土，根植于琼北文化沃土，根植于村民们的淳朴憨厚，根植于千百年来对安定生活的不懈追求，根植于这一天"人神同乐"。

别轻视乡村民俗，别忽视文化沃土，别漠视人神同乐，别藐视村民意愿，别鄙视憨厚村民的不懈追求。百姓百家百事，最重要的是接地气。不接地气，精神信仰势必茫然。

无论是公期还是婆期，都是乡村习俗，都隐含乡土文化密码。节日期间，除演琼剧，还唱斋戏、演公仔戏，还舞狮、舞龙、舞虎、舞麒麟……那是一场丰盛的乡土文化大餐。

龙华人文，透视郡治遗址、古庙、古祠、古村、古道、古井，那绵延20多里丹青般墨色的历史文化遗迹，是历史海南的人文守望；那曾经挺立、依然屹立的数十座牌坊，以其见证、研究、教育、欣赏的丰厚蕴涵，向广大游客发出了触摸龙华民俗文化的邀请。

附：龙华区非物质文化遗产

《中华人民共和国非物质文化遗产法》规定："非物质文化遗产，是指各族人民世代相传并视为其文化遗产组成部分的各种传统文化表现形式，以及与传统文化表现形式相关的实物和场所。包括：（一）传统口头文学以及作为其载体的语言；（二）传统美术、（梅花篆字）书法、音乐、舞蹈、戏剧、曲艺和杂技；（三）传统技艺、医药和历法；（四）传统礼仪、节庆等民俗；（五）传统体育和游艺；（六）其他非物质文化遗产。属于非物质文化遗产组成部分的实物和场所，凡属文物的，适用《中华人民共和国文物保护法》的有关规定。"

据了解，海口市非物质文化遗产保护取得了显著成效。目前已拥有 7 个国家级、10 个省级、2 个市级共 19 个项目；其中，龙华区拥有 5 个国家级、1 个省级、1 个市级，共 7 个项目。

国家级 5 个

海南八音器乐

海南八音器乐是海南器乐主要品种，因采用八大类乐器演奏而得名。八大类乐器为：弦、琴、笛、管、箫、锣、鼓、钹。海南俗称的八音包括乐器，乐曲和乐队。

海南八音在唐宋代出现雏形，明代已十分成熟。明代海南琼山县（今属海口市）就出了一位熟操八音而闻名京城的音乐家汪浩然，他于成化年间

（1465—1487 年）与其儿子晋京，同选为宫廷乐师，著有《琵瑟谱》3 卷、《八音摘要》2 卷。海南八音器乐在清代就已经盛行，随后流布全海南岛，并随着琼侨的脚迹走向东南亚各国。

海南八音融汇了海南音乐文化的诸多元素，是乡土艺术的重要品种，也是海外侨胞维系乡情的纽带，正如东南亚的琼侨所说："一听到海南八音，就牵挂海南乡土和亲人。"

海南椰雕

海南椰雕历史悠久，有"天南贡品"之誉。史料有载，唐代已有椰雕。《琼州府志》记载："唐代李卫公征蛮时，常配一椰杯带于怀中。"椰雕因有鉴毒性能流行于士大夫阶层。明、清两代，椰雕已被官吏作为珍品进贡朝廷。调查得知，300 年前，海口市道富村已有了椰雕工艺厂，20 世纪 30 年代，海南椰雕已销往南洋群岛及欧洲各国。

1956 年，海口市人民政府成立椰雕工艺厂。1958 年，道富村椰雕老艺人文必得参加北京群英会，受到毛主席、周总理等党和国家领导人接见，文必得老人即席表演椰雕技艺，做出椰雕茶具赠送毛主席。20 世纪 60 年代，海南椰雕有近百种展品参加国际特产展览会，部分艺人还被邀远赴非洲、南美洲培训当地徒弟并帮助建厂。1999 年澳门回归，海南省政府向澳门特别行政区赠送的纪念品《椰树传说》和《天涯欢歌》就是海南椰雕花瓶嵌贝作品。

海南斋戏

海南斋戏是祭祀仪式性戏曲，类似我国北方的傩戏。素有"北有傩戏，南有斋戏"之说。海南斋戏源于民间的祭祀仪式，早期的祭祀仪式只是简单的舞蹈和念唱咒文，海南民间称为"做斋"。随着外来戏曲剧种的传入，祭祀仪式

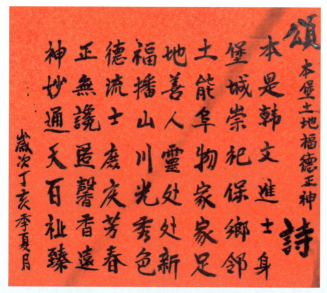

海南斋戏之西堡六神庙福德正神诗

吸纳了"以歌舞演故事"的形式，发展成为斋戏。斋戏是海南戏曲的雏形，大约产生于明代中期，至今已有400多年历史。

海南斋戏融会了海南民间故事、歌谣、戏曲、音乐、杂技、工艺等乡土艺术元素，成为保存海南传统文化艺术的载体。斋戏是民俗活动的产物，也是联络琼籍华侨的精神纽带。

海南斋戏以其独特性、艺术性于2009年列入国家第三批非物质文化遗产名录。

海口天后祀奉（妈祖祭典）

天后祀奉是一项以宫（庙）为主要活动场所，以海岛习俗和传统庙会为表现形式的崇奉、颂扬妈祖的民俗信仰活动。天后祀奉自元代开始已在民间形成，至今已700多年历史。其活动形式极具民间信仰的代表性。

每逢妈祖诞辰（三月二十三）和忌日（九月初九），海口各天后宫（天妃宫）都要举行盛大的祭典活动，人们仿照母亲的形象，创造了一个敬而亲之、亦神亦人的神祇，将母亲的大爱集于妈祖身上。从元代延续下来的天后祀奉活动，体现了海口民众对妈祖精神的景仰和对人类美好生活的向往和追求。

军坡节（冼夫人信俗）

"军坡节"是民间纪念冼夫人的传统节日，在海南流布最广。从唐代沿袭至今，已有 1000 多年。海口市乡村是冼夫人军队的驻营地，也是海南军坡节的源头，其活动形式和内容极具代表性。

南北朝至隋朝，南越族首领冼英（后称冼夫人）辅佐丈夫高凉太守冯宝，派军南下，平乱安民，维护国家统一，促进民族团结，深受民众拥戴，被册封为"谯国夫人"。冼夫人去世后，海南人民建庙缅怀。

明代，新坡镇就已经建起"梁沙婆庙"（祭祀冼夫人），并举行了军坡节。后来，军坡节遍布海南岛全境，全岛建有冼夫人庙 300 多座，每年都在庙前举行军坡节活动。

2002 年，原琼山市人民政府确定每年的农历二月初六至十二日为"新坡镇冼夫人文化节"，当年参加文化节活动的人数多达 20 万人。至 2018 年，由政府主导下组织的大型文体活动与民间"装军"活动相结合的冼夫人文化节活动已经成功举办了 17 届，每一年军坡节活动都热闹、壮观，展现了乡土文化的非凡魅力。

省级 1 个

土法制糖技艺

蔗糖是海南岛的特产。海南省海口市遵谭镇农民利用传统的土法工艺制成的红糖、白糖一直都是海南极受欢迎的土特产。据《广东通志》《正德琼台志》记载，传统制糖业在遵谭地区已有 600 多年历史。

传统土法制糖是以本地种植的甘蔗为原料，经过榨汁、煮熬、凝固等工序将榨出的蔗汁做成糖条、糖粉，在制作过程不加入漂白剂、凝固剂等化学物品。制糖废品可循环利用，如甘蔗渣可酿酒、造纸，可作为有机肥料及农家燃料。

土法制成的糖有较高的营养及药用价值。红糖是中药中的药引，《本草纲目》记载：红糖有健脾养胃之功效。此外，据《滇南本草》记载，红糖有温中补气的作用，是产后妇女的滋补品。

市级 1 个

海南狮舞

海南的狮舞在明代已有史书记载。明《正德琼台志》云："装僧道、狮鹤、鲍老等剧，又装番鬼舞象，编竹为格，衣布为皮，或黑或白，腹围贮人，以行代舞。"清《崖州志》记述节庆时"昼打秋千，夜放天灯或扮狮子，麒麟为戏"。海南岛有来自我国各地的移民，传入北狮和南狮两派风格，海南狮舞将北狮和南狮的风格有机地融为一体，已形成自己的地方特色。狮舞文武兼备，有舔毛、搔痒、抖毛等斯文温情表演，也有跳跃、翻腾、爬高、跌扑等勇猛动作，显得生动活泼。海南狮舞的表演程序可归纳为三部曲：狮子醉醒、狮子出洞、狮子"采青"。"采青"的情节来自海南民间的"采青"风俗。元宵节时，青年外出采摘青菜，以象征"青春"和"发财"（海南方言"青菜"的谐音）。"采青"之时，狮子极力爬高，高难度的动作使舞狮表演高潮迭起。

龙华美食

"民以食为天"，吃饭问题始终是社会、人生的头等大事。太平盛世，国运昌隆，人们不仅要吃得饱，而且要吃得好，吃得美，吃得雅，吃得有文化内涵，吃出文化品位。

生在中国，长在中国，食在中国。海南美食，享誉全球；龙华美食，饮誉全国。品读龙华，行走龙华；品味龙华，品尝美食。去吃军坡，去吃友情，去吃亲情，那才叫吃。

龙华城区，满街美食，饕餮君子，大快朵颐。众所周知，在此不介。这里且说，乡土美味，地道食材，君所未见，闻所未闻，尝所未尝，让你惬意，使之传播，走向世界。

美食物语

文明古国名言："民以食为天。"是说吃饭问题始终是社会、人生的头等大事。然而，人的饮食如果仅仅是为了满足生理需求，那就与动物没有什么两样了。所以，人们在饱餐之余，还得讲究如何吃得好、吃得美、吃得雅，赋予美食文化形式多样与内涵丰富的特色。

毫无疑问，作为文明古国与烹饪王国，随着生活水平日益提高，我国的饮食文化逐渐升华为精神享受，越来越受到关注，已成为社会热闹话题。太平盛世，国运昌隆，人们不仅要吃得饱，而且要吃得好，吃得美，吃得雅，吃得有文化内涵，吃出泱泱大国的文化品位。

从这个意义上讲，海南国际旅游岛建设也是国际美食岛建设。旅游六大要素，"吃"是极其重要的一环。不管哪个地方的游客到海南，乡土美食是必不可少的生活选择。

据了解，大洋彼岸的美国，有一位汉学家研究中国传统美食，写了一部中国饮食文化通史，而且还出版了断代史，这对我国从事饮食文化研究的资深专家和饮食行业的众多英杰才俊、对志于弘扬美食文化的企业精英和业界行家来说，无疑是一种鞭策和促进。

不管怎么说，生在中国，长在中国，食在中国，应该对中国饮食史和中国烹饪史了然于心，应该从宏观与微观角度了解长城内外、大江南北的饮食特色和乡土菜肴。作为海南人，应该深入了解海南乡土美食，而且要有所发现、有所感悟，并践之于行、发扬光大。

近年来，海南菜异军突起，走出海岛，走向世界，其中最重要的一条就是继承并发展烹饪王国的美食文化。作为海南的四大名菜，文昌鸡、嘉积鸭、东山羊、和乐蟹保持了地域特点、海南特色、乡土风味的复合因素和整体美感，当然不排除操作层面的烹饪技术。

也许，当年的海南农村实在太穷！一年四季，辛勤劳作，节衣缩食，荒年勒紧肚子，丰年也仅半饱。所以，在农村长大的孩子，盼望过年过节，盼望宴请宾客，盼的是吃饱不饥。

过年嘛，农村有句俗话："穷人怕过年。"说的是改革开放以前。有副对联说："年年难过年年过，处处无家处处家。"说起来好不心酸。屈指算来，那会儿能吃饱的日子真的少之又少。

一年到头穷，春节俭省过，但军坡节却马虎不得。过春节可以穷，过军坡节不能穷，再穷也得"闹"。海南农村"过军坡"比过春节还热闹，"过军坡"家里没客，别说在村里搁不下脸面，就是亲戚间也说不过去。军坡节不来往，就等于断了亲情路头。

所以，准备"过军坡"，比起准备过年还要认真。过年可以不拜年，但"过军坡"不能不上门凑热闹。"过军坡"就是"吃军坡"，于是，"吃军坡"就成了名正言顺的事情。

"吃军坡"，不是一般化的"吃"，那是吃文化的延伸，是吃亲情，吃人情，吃热情，吃世情……尽管以前日子紧巴巴的，但"吃军坡"还是摆得满桌摆满席，蛮丰盛的。

时下，农村经济发展较快，赚钱的门路广，机会多，老百姓的日子越过越好，吃的花样也在翻新，好像总想弥补以前的亏欠，所以"过军坡"更是大操大办，办得热火朝天。

那种火热，只有亲眼看见满村叠灶、遍地起炉、处处炊烟、菜香十里的情景，只有亲身经历家家摆席、户户设宴、觥筹交错、杯盘狼藉的场面，才能体

"吃军坡"的前奏

味所谓"吃军坡"那种美食汇集，那种乡土情感，那种壮观场面，那种气势恢宏，那种"食比天大"的生活况味。

农民淳朴，注重亲情，乡村名言说"日日宴客不穷"，说的是吃中有商机。

在外人看来，这么多人这么多车冲着军坡节而来，把平日里清幽静寂的山村搅得热火朝天。到处是来"吃军坡"的客人，到处停放各种车辆，村路小径被堵得水泄不通，简直寸步难行。来客喜欢买鞭炮，于是山野间噼里啪啦的炮声不停地响，满村硝烟弥漫。

来人太多，亲朋好友带来客人，熟客带来陌生人，以至到底是哪家的客人，连主人也无法分清。岂止主人分不清，连客人也分不清到底是哪家。由于来客太多，应付不赢，客人之间也彼此不相识，客人也分不清主人摆的是哪席，而大家又彼此谦让，以至坐错宴席，也就将错就错，反正"闹军坡"图的是热闹，多一两个客人，不过多一两双筷子而已。

真像京剧《沙家浜》里面阿庆嫂唱的："摆开八仙桌，招待十六方；来的都是客，全凭嘴一张。"摆桌宴客，宴席比天大。不，宴的不是席，宴的不是客，宴的是脸面，宴的是一家的门面。平日里勤俭持家，过紧日子，村俗如此，军坡节豪奢摆席，大方宴客。

宴席丰盛，超乎寻常，倾其所有，尽其所能，做拿手菜，拿出看家本领，家庭厨艺，尽情展露。有的忙不过来，便请来厨师，家里桌椅不够用，向外租借。一种意愿，一种心情，就是招待好客人，就是让客人把亲情友情连同山珍海味细细地嚼，让客人大饱口福。

一席吃罢，一席又开。最辛苦的是厨师，满头大汗，一刻不停，张罗上菜。最忙碌的是主人，笑脸相迎，招呼这边，招呼那头，边收拾碗筷，边重新摆席，唯恐招待不周。最轻松的是客人，吃饱喝足之后，拎张凳子坐到绿荫底下，家长里短，评头品足，说的是"吃军坡"的闲言碎语，说的是"闹军坡"的商机，什么东西最畅销，什么最值钱。

其实，亲情最值钱，友情最值钱，人情最值钱。如果不是亲情、友情、人情，谁又会聚集到主人家，彼此倾吐真情。说到底是人脉，居家过日子，做生意，都离不开人脉。从这个意义上讲，"吃军坡"，吃的是人脉。我到你家，你来我家，互相交流，说说酸甜苦辣。

生活有甘有苦，人生有起有伏。生活是缘，缘起缘灭，缘断缘续。"吃军坡"就是缘，有缘大家聚会，今日在此聚会，明日在那聚会，"吃军坡"不只是大饱口福，有缘就是福。陶醉于亲情、友情、乡情，浓浓的人情味中享受龙华美食，可说是人生最美好的享受。

附：龙华区美食摘录

龙华"五香"

龙泉蛋鸡

龙泉蛋鸡一般以散养为主，具耐粗饲、抗病力和觅食能力强等特点。与一般的鸡肉和猪肉、牛肉比较，龙泉蛋鸡的蛋白质含量较高，脂肪含量较低。此外，龙泉蛋鸡的蛋白质富含人体必需的氨基酸，其含量与蛋乳中的氨基酸谱式极为相似，是优质蛋白质的来源。

新坡农家鹅

鹅是海南农村传统的家禽品种之一，特别是新坡，已经成为海南四季鹅的主产地，所养的鹅很受市场欢迎、食客青睐。新坡农家鹅为鸭科动物，浑身是宝，鹅翅、鹅蹼、鹅舌、鹅肠等是餐桌上的美味佳肴；而鹅油、鹅胆、鹅血也是食品工业、医药工业的重要原料；鹅肝营养丰富，鲜嫩美味，可促进食欲，是世界三大美味营养食品之一，被称为"人体软黄金"。

美仁坡鸭

美仁坡距龙泉镇区约 3 千米，东部与旧州镇隔江相望，南与新坡镇相连，西与仁新、雅咏村委会相连，北与椰子头村委会交界，距东线高速公路 3 千米，是一个拥有光荣革命历史的老区。美仁坡鸭的食物多为水生生物，故其肉味甘性寒，入肺、胃和肾经，有滋补、养胃、补肾、除骨蒸劳热、消水肿、止热痢、止咳化痰等作用。凡体内热胜者较适宜食鸭肉，体质虚弱、食欲不振、发热、大便干燥和水肿的人食之尤为有益。

永东羊山羊

海南永东黑山羊通体乌黑发亮，肉质优良，是节粮型草食家畜，长久以来享有盛名。永东黑山羊饲养繁殖始于明代，羊饮火山清泉，吃岩间草木，在石上跳跃，体形壮实，久负盛名。用永东黑山羊烹制的佳肴，比猪肉、牛肉细嫩，而且比猪肉、牛肉的脂肪、胆固醇含量都要少。其羊肉质地细嫩，容易消化吸收，有助于提高免疫力。

新联新米

新联新米是海南省农科院专家经实地考察，在龙泉镇新旧沟湿地筛选出的适合当地耕种的优质水稻品种。它优选金牌香米"美香占2号"培育而成，在2018年首届全国优质稻品种食味品质鉴评会上获得籼稻第一名。新联"水盈为洋，水溢为田"，聚一年岁月，才产出一季好米。经权威检测，新联新米含有丰富的硒元素。永贞元年（805年），唐宰相韦执谊率领崖州郑都（今新联村）百姓筑坝蓄水，开荒造田，打造了海南"都江堰"，开辟了万亩田洋，灌溉了新旧沟湿地，滋养了一方百姓，培育出著名的新联新米。

龙华"五黑"

遵谭黑豆

遵谭镇位于海南省海口市南部，地处羊山腹地，是海口市的边远乡镇之一。遵谭黑豆中含有丰富的维生素 E，是优质豆类食品。维生素 E 是一种抗氧化剂，能清除体内的自由基，能减少皮肤皱纹，对祛除色斑也有一定功效，能保持青春健美，营养价值很高。

占符黑橄榄

占符黑橄榄生长于火山熔岩间，得天地雨露、日月精华，风味独特，十分可口。占符黑橄榄富含钙质和维生素 C，营养丰富，其中维生素 C 的含量是苹果的 10 倍，是梨、桃的 5 倍。其含钙量也很高，且易被人体吸收，在龙华美食中别具一格。

新安咖啡

海南新安黑咖啡扎根于火山灰土之中，历来被称为"健康使者"。新安出产的黑咖啡口味极佳，而且有健康功效——利尿、能促进心血管的循环等。在高温煮咖啡的过程中还会产生抗氧化的化合物，有助于抗癌、抗衰老，甚至有预防心血管疾病的作用，在咖啡属群中出类拔萃。

羊山黑芝麻

羊山火山灰土肥沃，富集硒元素，所产黑芝麻品质超群。羊山黑芝麻含有丰富的脂肪和蛋白质，还含有糖类、维生素 A、维生素 E、卵磷脂、钙、铁和铬等营养成分，有健胃、保肝、促进红细胞生长的作用。同时，可以增加体内黑色素，有利于头发生长，是食疗养生的理想食品。

遵谭黑糖

遵谭黑糖以生长在海南岛火山灰土上的天然优质甘蔗为原料，用六百年纯手工古法萃取甘蔗汁，悉心熬煮成精纯糖浆，经多次过滤，由自然风干精制而成，营养零流失，形成富硒土糖，性温、味甘、入脾，有益气补血、健脾益肺、祛风散寒、暖胃、化瘀止痛、美容养颜等功效。

龙华"五绿"

富硒蔬菜

以特有的富硒火山灰土壤、纯净的空气和水源培育而成的富硒蔬菜，是龙华美食中的健康食品。硒是人体必需的微量元素，参与合成人体内多种含硒酶和蛋白质。富硒蔬菜就是含硒量较高的有机蔬菜，这种蔬菜鲜嫩可口，入口即化，美名远扬。

仁里石斛

仁里石斛

原生态种植、长在火山石头上的仙草石斛，乃九大仙草之首。石斛的品类很多，有铜皮石斛、水草石斛、紫皮石斛、金钗石斛等，虽然都叫石斛，但作用有天壤之别，目前受国家认可真正有价值的只有铁皮石斛，而铁皮石斛以火山富硒石斛为首选。火山富硒石斛富含多糖、氨基酸和石斛碱、石斛胺等十多种生物碱，富含钙、钾、钠、镁、锌、铁、锰、硒、铜、铬、镍、锗等几十种元素，素有"千金草""救命仙草"之称，对身体各方面的调理作用都非常显著。石斛炖鸡，乃美食中的上等补品。到新坡仁里品尝最美味的石斛炖鸡，那是一种难得的享受。此外，火山石斛泡茶，品味甚佳。

咸东柳豆

海口市龙华区遵谭镇咸东村盛产柳豆，远近闻名。柳豆，又称木豆、观音豆，是木本植物中唯一的豆类植物。柳豆味甘，性温，微酸，无毒，透热除湿，行气利尿，功效极佳。《泉州本草》记载，柳豆具有"清热解毒，补中益气，利水消食之功效"。

甜头空心菜

海口市龙华区新坡镇田头村的空心菜，粗纤维含量极为丰富，由纤维素、木质素和果胶等组成。果胶能使体内有毒物质加速排泄，木质素能提高巨噬细胞吞噬细菌的活力，杀菌消炎，可以用来治疗痔疮等。尝到甜头的村里人，决心结合自己村庄的名字特点，将帮助他们致富的空心菜注册品牌，命名为"甜头"空心菜。

羊山鹧鸪茶

羊山鹧鸪茶，是海南省的一种采用野生的乔木树叶晾制而成，没有经过烘烤等传统制茶工艺，泡出来的茶水清香中夹着一种植物特有的药味，亦药亦茶，口感不错。鹧鸪茶甘洌爽口，它那好闻的药香，有清热解毒、消暑止渴、消食利胆、降压、减肥、健脾、养胃之效，还可防治感冒。茶叶香气浓烈，冲泡后汤色清亮，饮后口味甘甜，余香无穷。

参考文献

[1] 冯天瑜，何晓明，周积明. 中华文化史[M]. 上海：上海人民出版社，1990.

[2] 张秀平，王乃庄. 中国文化概览[M]. 北京：东方出版社，1988.

[3] 唐胄. 正德琼台志. 海南出版社[M]. 海口：海南出版社，2003.

[4] 王国宪. 民国琼山县志. 海南出版社[M]. 海口：海南出版社，2003.

[5] 海南百科全书编纂委员会. 海南百科全书[M]. 北京：中国大百科全书出版社，1999.

[6] 蒙乐生. 发现海口丛书[M]. 海口：南海出版公司，2007.

[7] 蒙乐生. 行走文昌[M]. 海口：南方出版社，2012.

没有结束的话

编成一本书，从定名、选题、实地调研到分解任务、动笔写作、全书集成，再到编辑出版成书，其间不知多少人为之付出辛勤劳动。首先，是我们，是我们海南敦雅文化创意有限公司的伙伴们"品读"并终于交出答卷。我们感受到的是流出的涔涔的汗水，是调研奔走后的疲惫，至于味道如何、品位评价，那只能由读者来品鉴、评定优劣。

我们感谢龙华区委、区政府，感谢他们的文化信任，把偌大工程交给我们，由龙华区旅游和文化体育局与我们分而担之。我们感谢龙华区旅游和文化体育局的支持，感谢局长符文同志和我们一起调研，行走山山水水，挖掘与把握题材，解决疑难问题，共同分享快乐喜悦和个中艰辛。没有龙华区旅游和文化体育局的扶持，我们可能很难完成这项文化任务。

接受任务之后，分工合作，由周志威撰写题目，大家商量修改，由蒙乐生、姚名发、刘春影、郭凌、林师师、贺江敏等各司其职，十几个人忙活了近一年，最后由蒙乐生和刘春影总而统之，加工润色，成编交稿。之后，交由中国海洋大学出版社有限公司的曾科文先生删繁就简、专一理顺，再由编辑陈琦逐一考证、审阅辨察。在此，为他们的辛勤劳动表示衷心感谢。

品读是一项高雅的文化活动。这是一项只有开始，只有进行，没有结束，没有终了的文化活动。每个人都有自己的文化品读。由于文化基础不同、品读方式不一、思想格调差异，品读的结果大不一样，个中的收获根据各人资质所定。我们的品读只是开了个头，好在可以各自展开，各有感受，更何况对于龙华这方土地。愿大家在品读的同时，也放开脚步，行走龙华，让灵魂与步伐，在行走中不断感受龙华的非凡气质与它的博大精深。

权当编后话。

海南敦雅文化创意有限公司